조금씩 삶이 달라지는 책 ❼

한마음 돌이켜 바라본 세상, 바로 지금이 정토일세

관무량수경 이야기

법륜 스님 강의

정토출판

조금씩 삶이 달라지는 책 ❼
관무량수경 이야기

초판 2쇄 2008. 11. 30

펴낸이 / 김정숙
펴낸곳 / 정토출판
등록번호 / 제22-1008호
등록일자 / 1996. 5. 17
137-875 서울특별시 서초구 서초 3동 1585-16
전화 : 02)587-8992 전송 : 02)587-8998
인터넷 http://www.jungto.org
E-mail : book@jungto.org

ⓒ 2002. 정토출판

값 9,000원

ISBN 89-85961-35-7
ISBN 89-85961-00-4(세트) 04220

*본문과 표지 그림은 한지희님께서 수고해 주셨습니다.

관무량수경 이야기

이 책을 엮어내며

　큰 절에 가면 무량수전 또는 극락전, 미타전이라는 법당이 있습니다. 그 법당에는 주불(主佛)로 극락 세계의 교주이신 무량수불, 즉 아미타 부처님을 모시고 있습니다. 우리가 보통 알고 있는 경전은 극락 세계가 우리가 사는 이 곳에서 서쪽으로 몇 십만 억 거리를 지나 존재하고 있고, 간절한 기도를 통해 죽은 후에 극락 세계에 태어난다고 설명되어 있습니다. 그렇기 때문에 부처님의 나라인 극락 세계는 죽어서나 한 번 가 보는 세상이라고 생각하기 쉽습니다. 그러나 부처님께서는 죽어서 가는 극락 세계만을 말씀하신 것이 아닙니다. 우리가 살고 있는 이 세상을 어떻게 하면 극락 세계와 같이 만들 수 있느냐 하는 것 또한 힘써 일러 주시고 계십니다.
　부처님은 바로 이 <관무량수경>을 통해서 우리가 살고 있는 이 세계가 바로 정토임을 보여 주시고, 우리의 의지로 이 세계를 깨끗한 불국토로 만들 수 있음을 일러 주십니다.
　극락 세계와 관계되는 대표적인 경전, 즉 <아미타경> <무량수경> <관무량수경>을 통틀어 <정토삼부경>이라고 합니다. 그 중에서도 <아미타경>과 <무량수경>은 세간에 나와 있는 불자 독송집에 많이 들어 있어 쉽게 접할 수가 있는데, <관무량수경>은 일반적으로 잘 알려져 있지 않습니다.

고통받고 있는 한 여인의 기도에 부처님께서는 응답하셨고, 그 고통에서 벗어나 정토 세계에 날 수 있다는 가르침이 담겨 있는 <관무량수경>은 법륜 스님께서 강의한 내용을 글로 정리한 것입니다. 한문본과 한글본은 대한불교 조계종 한국정토사상연구회에서 펴낸 <불설관무량수경의 의역과 해설>을 참조했습니다.

진흙 구덩이에서 연꽃이 피어나듯, 현실을 있는 그대로 바라보는 불법을 통하여 개인에 닥친 고통과 현대 문명이 직면한 여러 문제들을 지금 이 자리에서 풀 수 있는 열쇠를 발견하시기 바랍니다.

2002. 4
편집부

차례

이 책을 엮어내며 / 4
마음은 자유롭게, 세상은 아름답게 / 8

서장 / 아미타 부처님의 나라, 극락 세계에 나는 길

불행한 여인의 간절한 기도에 응답하시는 부처님 / 17
고통 속의 간절함으로 이루어지는 기도 / 24
대비심으로 중생에게 다가오는 깨달음 / 34
진정한 참회로 이끌어 주시는 부처님 / 44
어리석은 삶을 참회하고 새롭게 태어난 사람 / 56
고통에 찬 사바 세계에 건설되는 극락 정토 / 68
극락 세계에 나는 복된 수행 / 77
행복의 바다, 부처 세계를 향해 함께 가는 법다운 삶 / 87
전법과 수행이 하나 되는 새로운 삶 / 97
약한 범부를 부처 세계로 이끄시는 불보살의 위신력 / 107
대비심으로 완성되는 부처의 길 / 116

정종분 / 극락 세계에 나기 위한 구체적인 실천법 – 열여섯 가지 관법

대비심으로 하나 되는 부처 세계 / 125
        제1절 일상관(日想觀)
        제2절 수상관(水想觀)
        제3절 지상관(地想觀)

보살행으로 이루어지는 연화좌 / 141
        제1절 보수관(寶樹觀)
        제2절 보지관(寶池觀)
        제3절 보루관(寶樓觀)

부처로 가득한 세계 / 152
        제1절 화좌관(華座觀)
        제2절 상관(像觀)
        제3절 진신관(眞身觀)

아파하는 마음과 열린 마음으로 이루어지는 보살심 / 173
        제1절 관음관(觀音觀)
        제2절 세지관(勢至觀)

무량한 중생, 무량한 부처님 / 185
        제1절 보관(普觀)
        제2절 잡상관(雜想觀)

정토에 나는 사람들 / 192
        제1절 상배관(上輩觀)
        제2절 중배관(中輩觀)
        제3절 하배관(下輩觀)

득익분 / 법문을 듣는 공덕

행복도 내가 만드는 것이네, 불행도 내가 만드는 것이네 / 235

유통분 / 참나를 발견하는 기쁨

이 몸 이대로 부처 될 수 있다 / 247

마음은 자유롭게, 세상은 아름답게

불교에서 말하는 이상 세계, 정토 세계(淨土世界)란 어떤 세계일까? '정토(淨土)'는 맑고 깨끗한 세계를 뜻하는 '청정국토(淸淨國土)'의 줄임말이다. 정토를 불국토라고 표현하기도 한다. 부처님께서 계신 나라를 일컫는 불국토란 일체의 괴로움과 번뇌가 사라진 곳을 뜻한다. 그러면 부처님께서 계신 나라, 즉 정토는 어떤 나라일까? 정토에 사는 사람들은 누구나 마음이 깨끗하다. 그러므로 항상 기쁘고 즐거운 상태이다. 그리고 그 곳에 사는 사람들은 서로 사이좋게 지낸다. 더불어 사는 것 자체가 즐겁고 유익한 사회이다. 또 그 곳은 자연과 주위 환경이 아름답다. '자연은 아름답고 사회는 평화롭고 개인은 행복한 나라', 그런 나라를 정토라고 한다.

정토를 크게 셋으로 나눠 살펴보면, 첫째는 타방 정토이다. 우리가 사는 이 세상은 개인은 괴롭고 사회는 혼란스럽고 자연 환경은 깨끗하지 않다. 홍수가 나고 가뭄이 들며, 더위나 추위 등 많은 불편함이 있다. 그런데 저 멀리 어딘가에 농사를 짓지 않아도 곡식이 저절로 자라고, 과일 나무에 과일이 주렁주렁 열리며, 아주 맑은 물이 흐르고, 대지는 다 보배로 이루어져 있는 곳이 있다. 그 곳은 자연이 아름다울 뿐만 아니라 사람들 사이에 싸움이나 갈등이 없다. 전쟁도 없고 굶주림도 없고 질병도 없는 이 곳에 사는 사람들은 부처님 말씀 외엔 다른 것에 관심을 두지 않는다. 바람 소리도 부처님 말씀, 물 소리도 부처님 말씀, 새 소리도 부처님 말씀, 오직 부처님 말씀뿐이다. 언제나 부처님을 공경하고, 무상과 무아의 이치를 자각하며, 오직 성불에만 관심이 있다. 동쪽으로도 그런 세계가 있고 서쪽으로도 그런 세계가 있으며, 북쪽으로도 남쪽으로도 위로도 아래로도 그런 세계가 있다. 그런 곳이 바로 타방 정토이다.

    타방 정토 중에서 가장 대표적인 국토가 서방에 있는 극락 정토이다. 그 곳에 계시는 부처님이 바로 아미타 부처님이시고, 그 부처님을 도와서 중생을 구제하는 보살이 관세음 보살님이시다. 그래서 우리들은 관세음 보살님을 청해서 그 국토로 인도되어 아미타 부처님을 친견하고 마침내 성불할 때까지 정진하는 것을 꿈꾼다. 타방 정토는 공간적으로 여기가 아니고 다른 곳이지만, 시간적으로는 현재에 존재하고 있는 정토이다. 그래서 극락 정토에 나기를 원하는 사람은 오직 간절한 마음으로 그 곳에 나기를 원하며 "나무 아미타불" 염불 정진을 한다. 그러면 지금까지 지은 업연이 어떠하든 관계없이 누구나 다 그 곳에 태어날 수 있다. 그렇게 간절하게 그 세계를 그리워하고 그 세계에 나기를 원하며 거기에 계시는 부처님의 명호를 끝없이 부르는 것이 염불 수행이다.

둘째는 미래 정토이다. 저 타방 어딘가에 정토가 있어서 그 곳으로 우리가 가야만 되는 것이 아니라, 우리가 살고 있는 이 사바 세계도 앞으로 정토가 될 수 있다는 것이 미래 정토의 내용이다. 그러므로 그 정토가 이루어질 때까지, 그 정토의 주인인 미륵 부처님이 오실 때까지 우리는 수행 정진해야 한다. 이것이 바로 미륵 정토 사상이다. 미륵 정토는 바로 우리가 살고 있는 이 땅에 이루어질 미래의 정토 세계이다.

미륵 보살은 지금 도솔천 내원궁에 계시는데 곧 이 사바 세계에 하강하신다. 그 때는 이 세상에 존재하는 개개인 모두가 행복하고, 사회는 평화로우며, 자연은 아름다운 정토 세계가 될 것이다.

그런데 그 미륵 부처님이 출현하는 시대에 우리가 태어나서 깨우침을 얻으려면 십선행, 즉 열 가지 착한 행을 해야 한다. 아무리 많은 사람들이 서로 싸우고 죽이더라도 나는 살생하지 않아야 하며, 아무리 많은 사람들이 도둑질을 하더라도 나는 훔치지 않아야 하고, 아무리 많은 사람들이 삿된 음행을 하더라도 나는 삿된 음행을 하지 않아야 한다. 또 많은 사람들이 술 마시고 방탕하게 살아간다 해도 나는 그렇게 하지 않아야 한다. 그리고 남을 속이는 거짓말을 하지 않을 뿐만 아니라 이간질하는 말도 안 해야 되고,

두 가지 말을 해서도 안 되고, 꾸며 말해도 안 된다. 또한 탐욕을 부려서도 안 되고, 짜증내고 화를 내어서도 안 되며, 어리석음에 빠져서도 안 된다. 이렇게 열 가지 잘못된 행을 버리고 열 가지 착한 행을 행하면 미륵 부처님이 오시는 세계가 보다 빨리 도래한다.

타방 정토와 미래 정토는 실제로 존재하는 곳으로서, 그 곳에 나기 위한 조건이 구체적으로 제시되어 있다는 공통점을 가지고 있다. 그러한 세계를 만들기 위해 원을 세우고 노력해서 그 세계가 만들어지면 그 세계를 만든 주체가 즉시 성불한다는 것도 공통점이다. 그러므로 보살행을 해서 이 세상이 좋아지고 일체 중생이 괴로움에서 벗어나는 그 순간이 바로 내가 성불하는 때이다.

셋째는 유심 정토이다. 유심 정토관에 따르면 정토가 타방이나 미래에 객관적으로 존재하는 것이 아니다. 내 마음속 번뇌가 사라지면 이 세상은 있는 그대로 아름다운 세상이 된다. 장소나 시간이 달라지지 않아도 자기 마음을 바꾸면 모든 것이 좋아지는 것을 경험해 본 적이 있을 것이다. 예를 들어 생각이 바뀌면 똑같은 별인데도 반짝이는 정도가 다르게 보이고, 똑같은 나뭇잎이고 똑같은 돌인데도 다가오는 느낌이 전혀 다르다. 또한 이제까지 함께 살았던 자식과 남편, 아내와 친구들이 전혀 다른 모습으로 다가오게 된다. 바깥 세계나 상대는 아무것도 바뀐 것이 없는데 내 마음이 바뀌면 이렇게 달라 보이고 좋아진다. 그렇기 때문에 마음 하나 깨끗하면 국토가 청정하다고 하는 것이다. 이것이 유심 정토이다. 내가 깨닫는 즉시 이 세상이 정토라는 것을 알게 된다.

우리에게 널리 알려진 정토 세계는 아미타 부처님의 극락 세계이다. 이 아미타 부처님의 극락 세계와 관계되는 대표적인 경전 세 개를 <정토삼부경(淨土三部經)>이라고 하는데, <불설무량수경>, <불설아미타경>, <불설관무량수경>이 그것이다. '불설'이라는 말머리를 떼고 그냥 <무량수경>, <아미타경>, <관무량수경>이라고 부르기도 한다. 그 중 가장 대표적인 경전이 바로 <무량수경>인데, 극락 세계에 대한 묘사의 대부분이 여기에 들어 있다. 경전의 내용이 방대해서 일명 <대경>, <대무량수경>이라고 부르기도 한다. 이 경은 상하로 나뉘는데, 상편에는 아미타 부처님의 과거 전생인 법장 비구가 출가한 이야기, 법장 비구가 수행한 이야기, 법장 비구가 48가지 원을 세운 이야기, 법장 비구가 이룩한 극락 세계 이야기, 법장 비구가 부처가 된 이야기들이 기록되어 있다. 하편은 우리가 살아가는 이 세계가 탐진치 삼독에 덮여 온갖 괴로움이 들끓고 있음을 알려 주는 이야기를 담고 있다. 하지만 이 세계에서도 계율을 지키고 선정을 닦고 극락 세계에 나기를 발원하면 아미타 부처님의 극락 세계에 나게 된다고 일깨워 준다.

다음 <아미타경(阿彌陀經)>은 <무량수경>을 간략히 정리한 것으로 <무량수경>을 <대경(大經)>이라 하는 반면, <아미타경>은 <소경(小經)>이라고 불리기도 한다. 주된 내용은 화려한 극락 세계의 정경 묘사와, 아미타 부처님의 이름을 듣고 1일 내지 7일간 일심으로 염불하면 극락 세계에 태어날 수 있다는 것이다.

　마지막으로, <관무량수경(觀無量壽經)>은 극락 세계에 나기 위해서는 죽어서 다음 세상에 태어나는 것뿐만 아니라, 이 세상에서 지금 바로 그 세계를 관하면 그 세계를 볼 수 있다는 내용이 담겨 있는 경전이다.

서장

아미타 부처님의 나라, 극락 세계에 나는 길

- 불행한 여인의 간절한 기도에 응답하시는 부처님
- 고통 속의 간절함으로 이루어지는 기도
- 대비심으로 중생에게 다가오는 깨달음
- 진정한 참회를 이끌어 주시는 부처님
- 어리석은 삶을 참회하고 새롭게 태어난 사람
- 고통에 찬 사바 세계에 건설되는 극락 정토
- 극락 세계에 나는 복된 수행
- 행복의 바다, 부처 세계를 향해 함께 가는 법다운 삶
- 전법과 수행이 하나 되는 새로운 삶
- 약한 범부를 부처 세계로 이끄시는 불보살의 위신력
- 대비심으로 완성되는 부처의 길

불행한 여인의 간절한 기도에 응답하시는 부처님

이와 같이 나는 들었다.
한 때, 부처님께서 왕사성 기사굴산에 계셨는데, 천 이백 오십 명의 뛰어난 비구들과 삼만 이천 명의 보살들이 자리에 함께 하였다. 그 가운데 문수 보살이 으뜸 가는 수제자였다.

그 때 마가다 국의 왕사성에 아사세라고 하는 한 태자가 있었다. 그는 데바닷타라는 나쁜 벗의 유혹에 빠져 아버지인 빔비시라 왕을 일곱 겹의 담으로 둘러싼 깊은 감옥에 가두어 놓고, 신하들에게 한 사람도 가까이 가지 못하도록 명령하였다.

그러나 왕비인 위제희는 왕을 흠모하여 깨끗이 목욕하고 꿀과 밀가루를 우유로 반죽하여 몸에 바르고 구슬 목걸이 속에 포도즙을 담아 몰래 왕에게 주었다. 왕은 꿀로 반죽한 밀가루를 먹고 포도즙을 마시고 물을 구하여 입을 헹구었다. 입을 헹구고 나서, 왕은 부처님이 계시는 기사굴산을 향하여 합장하며 간절히 기원했다.

"세존이시여, 제자인 목련 존자는 저의 친구입니다. 원컨대 자비를 베풀어 저에게 팔재계를 주십시오."

그 때 기사굴산에 있던 목련 존자는 이 간절한 소원을 듣고 마치 빠른 매와도 같이 재빨리 왕이 갇혀 있는 감옥에 이르러 왕을 위로하며 왕에게 팔재계를 주었다. 부처님께서도 설법 제 1인자인 부루나 존자를 보내어 왕을 위하여 설법하게 하시었다.

그래서 갇힌 지 21일이 지났으나 왕은 꿀로 반죽한 밀가루를 먹고 부처님의 가르침을 들을 수 있었기 때문에 그 안색은 이전과 같이 온화하고 기쁨에 가득 차 있었다.

如是我聞. 一時 佛 在王舍城 耆闍崛山中 與大比丘衆千二百十人俱 菩薩三萬二千 文殊師利法王子 而爲上首. 爾時 王舍大城 有一太子 名阿闍世 隨順調達惡友之敎 收執父王頻婆娑羅 幽閉置於七重室內 制諸群臣 一不得往. 國大夫人 名韋提希 恭敬大王 澡浴淸淨 以酥蜜 和麨 用塗其身 諸瓔珞中 盛葡萄漿 密以上王. 爾時 大王 食麨飮漿 求水漱口. 漱口畢已 合掌恭敬 向耆闍崛山 遙禮世尊 而作是言. 大目犍連 是吾親友. 願興慈悲 授我八戒. 時 目犍連 如鷹隼飛 疾至王所 日日如是 授王八戒. 世尊亦遣 尊者富樓那 爲王說法. 如是時間 經三七日 王食麨蜜 得聞法故 顔色和悅.

아버지를 죽이려는 아사세 태자

당시 인도는 지역이 워낙 넓어 삼백 개 정도나 되는 많은 나라가 있었다. 이 나라들은 저마다 더 큰 영토를 차지하기 위해 끊임없이 전쟁을 일으켰다. 국가간의 투쟁은 말할 것도 없고, 한 나라의 왕좌를 놓고 아들이 아버지를 죽이고 왕이 될 만큼 권력 암투가 극심했다.

그 때 세력이 가장 강했던 마가다 국의 수도 왕사성에는 빔비시라 왕과 위제희 왕후, 그리고 두 사람이 말년에 얻은 하나밖에 없는 사랑하는 아들 아사세 태자가 살고 있었다.

그런데 어느 날, 부처님께 반역하고 교단을 어지럽힌 부처님의 사촌 동생 데바닷타가 아사세 태자를 부추겨 쿠데타를 일으켰다.

쿠데타를 일으킨 아사세 태자는 자기 아버지인 빔비시라 왕을 감옥에 가두고 스스로 왕위에 올랐다. 아들이 아버지에게 반기를 든 것도 엄청난 일인데, 아버지를 감옥에 가두고 먹을 것도 주지 않고 굶겨 죽이려 한 그야말로 대참극이 벌어졌다.

빔비시라의 부인이자 아사세의 어머니인 위제희 부인은 몹시 괴로웠다.

위제희 부인은 왕에게 먹을 것이라도 넣어 주기 위하여 묘책을 생각해 냈다. 위제희 부인은 목욕을 깨끗이 하고 꿀과 밀가루를 우유로 반죽하여 몸에 붙이고 구슬 목걸이의 각 구슬 속에다 포도즙을 넣었다. 그리고 빔비시라 왕을 면회할 때마다 꿀로 반죽한 밀가루와 포도즙을 먹게 하였다. 아들 몰래 남편의 수명을 연장시켰던 것이다. 20여 일쯤 지난 뒤, 음식을 전혀 주지 않았는데도 아버지가 죽지 않는 것을 보고 사태를 파악하게 된 아사세 태자는,
"내 어머니까지도 나를 거역하여 반역을 꾀하는 역적이구나."
하며 대노하여 어머니를 죽이려고 칼을 빼어 들었다.

어느 날 아사세는 부왕이 갇힌 감옥의 문지기에게 부왕이 아직도 살아 있느냐고 물었다.
"대왕이시여, 어머니인 왕대비께서 몸에 꿀로 반죽한 밀가루를 바르고 구슬 목걸이 속에 포도즙을 넣어 와 부왕님께 드렸습니다. 또한 부처님의 제자인 목련 존자와 부루나 존자가 하늘에서 날아와 부왕님께 설법하는데, 저는 이것을 도저히 막을 도리가 없습니다."
문지기의 말을 들은 아사세는 화가 불같이 치밀어,
"어머니는 역적입니다. 내 원수인 아버지와 내통을 하다니요. 또한 중들은 남을 홀리는 술법을 써서 나쁜 임금을 오래 살게 하니 악당들입니다."
이렇게 말하면서 칼을 뽑아 어머니를 죽이려고 하였다.
그 때 월광이라는 총명하고 지혜가 많은 대신이 있었는데, 그는 유명한 의사이기도 한 기바 대신과 함께 왕 앞에 나아가 절을 하고 왕에게 말했다.
"대왕이시여, 저희들이 저 베다 성전의 말씀을 듣건대, 개벽 이래 오늘에 이르기까지 왕위를 탐하여 그 부왕을 살해한 자는 무려 일만 팔천 명이나 된다고 하오나, 무도하게 자기 어머니를 시해했다는 말은

일찍이 듣지 못하였습니다. 그런데 이제 대왕께서 어머니를 해치려 하시니, 이는 왕족을 더럽히는 일입니다. 그것은 신하로서 차마 볼 수 없습니다. 대왕께서 그러한 짓을 한다면 저희들은 여기에 더 머물러 있을 수 없습니다."
그들은 이렇게 말하며 곧 칼을 뽑을 듯이 칼자루에 손을 대고 몇 걸음 뒤로 물러섰다.
이 말을 듣고 아사세 왕은 크게 놀라고 기가 죽어서 황급히 기바 대신에게 이렇게 말했다.
"그대는 나를 도와 주지 않겠는가?"
그러자 기바 대신은 이렇게 아뢰었다.
"대왕이시여, 부디 삼가하시고 어머니를 살해하지 마소서."
왕은 이 말을 듣고 뉘우쳐 두 대신에게 사과하고 도와 주기를 청하였다. 그리고 이내 칼을 버리고 어머니를 살려 두었다. 그러나 내관에게 명령하여 깊은 골방에 어머니를 가두고 다시 나오지 못하게 하였다.

時 阿闍世 問守門者 父王 今者 猶存在耶. 時 守門人 白言. 大王 國大夫人 身塗麨蜜 瓔珞盛漿 持用上王. 沙門目連 及富樓那 從空而來 爲王說法 不可禁制. 時 阿闍世 聞此語已 怒其母曰 我母 是賊. 與賊 爲伴. 沙門惡人 幻惑呪術 令此惡王多日不死. 卽執利劍 欲害其母. 時 有一臣 名曰月光 聰明多智 及與耆婆 爲王作禮 白言. 大王 臣聞 毘陀論經說 劫初已來 有諸惡王 貪國位故 殺害其父 一萬八千. 未曾聞有 無道害母. 王 今爲此殺逆之事 汚刹利種 臣不忍聞. 是栴陀羅 不宜住此. 時 二大臣 說此語竟 以手按劍 卻行而退. 時 阿闍

世 驚怖惶懼 告耆婆言. 汝不爲我耶. 耆婆白言. 大王 愼莫害母. 王
聞此語 懺悔求救 卽便捨劍 止不害母. 勅語內官 閉置深宮 不令復
出.

불행한 여인의 기도에 응답하시는 부처님

사람이 심하게 아프면 '화타가 와도 못 살린다'라는 말을 한다. 이 때 언급되는 화타가 중국에서 제일 유명한 의사였다면 기바는 당시 인도에서 가장 유명한 명의였다.

마가다 국왕의 주치의였던 기바는 태자 아사세의 비인간적인 행위를 비판하며 궁중에서 스스로 물러나와 빔비시라 왕의 복위를 계획했다. 아사세 태자는 신하들의 이런 반발에 놀라 제 뜻대로 어머니를 죽이지는 못했다. 하지만 아사세는 어머니마저도 감옥에 가두어 버렸다.

위제희 부인은 자기에게 이런 끔찍한 비극이 밀어닥치리라고는 상상도 하지 못했다. 세상 사람들이 괴롭다 해도 모두 남의 일이었을 뿐, 왕비로서 부러울 것이 하나도 없었던 그녀는 모든 사람들로부터 존경받는 남편과 사랑하는 아들과 함께 행복하게 살았다. 그런데 졸지에 세상에서 가장 비극적인 처지에 놓이게 된 것이다.

극에 달한 고통 때문에 어찌할 바를 모르고 몸부림치던 위제희 부인은 마침내 부처님께 간절한 기도를 올리게 되었다. 부처님께서는 바로 그 간절한 기도에 응답해 주셨다.

대개 경전들은 선정에 든 부처님의 정수리로부터 찬란한 빛이 나와 사방을 비추는 등 신비한 장면으로 시작된다. 아니면 <금강경>에서처럼 수보리 등의 상수 제자들이 법을 청해 부처님께서 수행이 깊은 사람들을 대상으로 법을 설하는 형식으로 시작된다. 하지만 <관무량수경>만은 예외적이다. 지금 현재 이 세상에서 가장 고통받으며 살고 있는 사람이 그 고통에서 벗어나고자 몸부림치는 간절한 기도에 부처님께서 응답하여 구원의 가르침을 설하는 형식을 취하고 있는 것이다. 그렇기 때문에 <관무량수경>을 두고 다른 경전에 비해 중생들이 가슴으로 느끼는 경전이라고 말할 수 있다.

고통 속의 간절함으로 이루어지는 기도

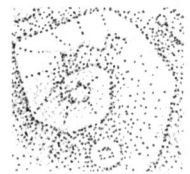

유폐된 위제희 부인은 슬픔과 시름으로 몸은 사뭇 수척해지고 마음은 그지없이 산란하였다. 부인은 멀리 기사굴산을 향하여 부처님께 예배하고 이렇게 말했다.

"세존이시여, 지난날 부처님께서는 항상 아난 존자를 보내시어 저를 위로해 주셨습니다. 저는 지금 시름에 잠겨 있사오나 거룩하신 부처님을 뵈올 길마저 없습니다. 원컨대 목련 존자와 아난 존자를 보내시어 저를 위로해 주십시오."

위제희 부인은 말을 마치자마자 슬픔이 복받쳐 하염없이 눈물을 흘리며 멀리 계시는 부처님을 향하여 다시금 예배하였다.

時 韋提希 被幽閉已 愁憂憔悴. 遙向耆闍崛山 爲佛作禮 而作是言.

如來世尊 在昔之時 恒遣阿難 來慰問我. 我今愁憂 世尊威重 無有得見. 願遣目連 尊者阿難 與我相見. 作是語已 悲泣雨淚 遙向佛禮.

고통스런 현실에 부딪칠 때 간절해지는 기도

사람들은 누구나, 또 언제나 무엇인가를 뒤쫓으며 산다. 그것은 대개 물질적인 욕심일 경우가 많다. 그렇게 욕심을 쫓아 허덕이며 살아가고 있는 것이 이 중생계의 삶이다. 이렇게 한사코 무엇인가를 뒤쫓아가며 허덕대는 이 삶에 갈등과 장애가 없을 수가 없다. 그것은 반복적이고 습관적인 고통이 되어 찾아 온다.

그렇지만 사람들이 일상의 표면적인 생활에 안주해 있을 때에는 고통스런 현실 문제를 충분히 자각하지 못한다. 그저 보다 많은 욕망을 추구하며 너도 나도 위로 올라가려고만 한다. 그래서 크고 작은 재앙들이 여기저기에서 일어나는 것을 보면서도, 그것이 직접 자신에게 부딪치는 일이 아니면 그 고통을 실감하지 못한다.

그러다가 어느 날 어떤 구체적인 재앙이 갑자기 몰아닥쳐 행복한 삶이 하루아침에 무너지게 되면, 그 때서야 화들짝 놀라 고통을 인식하고 구원을 찾아 헤매어 다닌다.

운동 선수가 갑작스러운 사고로 발이 부러져 더 이상 운동을 할 수 없게 되었다든가, 생각지 못했던 부도로 회사가 남에게 넘어가고 자신도 구속되는 불명예를 당했다든가, 우연한 다툼 중에 사람을 해치고 형을 받게 되었다든가, 화목했던 가정에 분란이 일어났다든가 하여 재앙이 삶에 직접 부딪쳐 올 때가 있다. 사람들은 그제서야 비로소 삶의 문제, 고통의 문제를 뼈저리게 느끼게 되고 자신의 문제로 받아들이게 된다.

삶이 행복할수록 고통은 자신과 상관없는 일로 치부되게 마련이므로, 예기치 못했던 일로 겪게 되는 절망감은 더욱 크다. 개인적 차원이든 사회 구조적 차원이든 좌절, 불안, 방황 등의 온갖 고통은 필연적으로 발생할 수밖에 없다. 사람들은 그 고통에서 벗어나 행복한 삶을 살기를 원하기 때문에 종교를 찾는다. 역설적으로 고통이 클수록 기도는 간절해진다. 고통으로부터 벗어나고자 하는 마음이 간절해지기 때문이다. 이 때 간절한 마음 자체가 바로 기도가 된다.

엄청난 고통이 삶에 불현듯 닥쳐왔을 때,

'제발 복을 주시고, 보다 더 잘 살게 해주십시오.'

이렇게 세속적 욕망을 추구하는 기도는 하지 않는다. 당면한 고통에서 벗어날 수 있기만 간절히 바라고 바랄 뿐이다. 더 높이 가려는 것이 아니라 이전의 모습만이라도 회복하고자 하는 소박하고 겸손한 마음이 된다.

이 때는 기도하는 자신의 모습이 어떻게 보일까, 기도 형식이 옳을까 그를까 하는 잡념이 마음에 끼여들 여지가 없다. 오직 고통에서 벗어나고자 하는 본래의 순수한 마음뿐이다. 바로 그런 순수한 마음에서 간절한 기도가 우러나올 수 있다.

간절한 그 마음이 기도

기도는 형식이 아니라 '간절한 마음'이다. 잘 갖추어진 형식에 따라 재물을 높이 쌓아 놓고 절하며 열심히 기도한다고 해도, 기도하는 사람에게 간절함이 없다면 그 기도는 성취되지 않는다.

기도는 간절하게 해야 한다. 1,080배를 부지런히 하며 수만 번 불보살의 명호를 부른다 해도, '아이들이 들어왔을까? 집에 도둑이 들지는 않았을까?' 하면서 다른 생각만 한다면 기도는 그 생각이 일어나고 가라앉는 것에 따라 자꾸 끊어진다. 그러면 결국 마음을 하나로 모아 전할 수 없게 된다. 지성이면 감천이라는 말이 있는데, 지극한 정성이 바로 기도이다.

기도에 얽힌 재미있는 이야기가 있다.

어느 스님이 돌아가셨다. 그래서 도반 스님이 염을 하고 천도 기도를 하는데, 죽은 스님이 쓰던 발우가 재물대 위에 얹혀 있는 것이 보였다. 그 발우가 몹시 마음에 든 도반 스님은,

'저 발우는 내가 가져야겠다.'

이런 생각을 하면서 기도를 했다.

그 후 3일이 지나 다비식을 하려는데 놀라운 일이 벌어졌다. 죽은 줄 알았던 스님이 갑자기 벌떡 일어난 것이었다. 사람들은 모두 깜짝 놀랐다. 더욱 놀라운 것은 그 스님이 도반

스님에게 내지른 호통이다.

"한숨 자고 있는데 왜 자꾸 시끄럽게 '저 발우는 내 것이다, 저 발우는 내 것이다'라고 욕심내느냐?"

다시 말하지만, 기도는 형식이나 말이 아니라 마음이 전해지는 것이다. 그러므로 부처님 앞에 와서 기도하고 염불해도 마음을 다른 데 두면 그 다른 마음만 전달된다.

그야말로 한마음으로 간절히 기도할 때 기도가 이루어진다.

기도란 누구에게도 고통을 주지 않는 것

무조건 간절히 바라기만 하면 어떤 기도든 이루어지는 것일까?
'부처님, 제가 복권에 당첨되게 해주십시오.'

이렇게 기도하는 사람이 있을지도 모른다. 부처님께서는 과연 이 기도를 들어 주실까? 곰곰이 생각하면 이 기도는 이루어질 수 없는 기도이며, 또한 이루어진다 해도 반드시 그 과보가 따르는 기도임을 바로 알아차릴 수 있다.

한 사람이 복권에 당첨된다는 것은 결국 다른 누군가가 손해를 본다는 말이다. 복권 당첨이라는 것은 쉽게 말해 여러 사람의 돈을 모아서 한 사람이 몽땅 가져가는 것이다. 만약 기도해서 복권에 당첨되었다면, 그것은 부처님께서 다른 사람들의 돈을 1,000원씩 걷어서 '너 가져라' 하고 주셨다는 말이 된다. 이런 이기적인

기도는 형식이 아니라 '간절한 마음'이다

기원은 당연히 기도가 될 수 없다.

우리의 간절한 기도에 부처님께서 응답하신다는 것은 이기적인 욕망을 이루기 위해 올리는 기도를 들어 주신다는 뜻이 아니다. 부처님께서는 성실하게 사는 길을 가르치신다. 이기적인 욕망에 사로잡히는 일 없이 성실하게 산다면, 간절하게 원하는 행복은 바로 눈앞에 다가옴을 알려 주시는 것이다.

누구도 원망할 수 없는 불행한 여인

온갖 부귀와 명예를 누리며 행복하게 살던 위제희 부인이 어떤 처지에 놓이게 되었는가? 자식이 부모를 죽이는 상상도 못할 참극이 그 행복하던 위제희 부인의 삶 속에서 벌어졌다. 자신이 낳은 아들이 사랑하는 남편을 죽이고 또 자신도 감옥에 갇히는 참혹함이 그녀에게 닥친 것이다.

죽음을 당하게 된 사람도 내 남편이요, 남편을 죽이려 하며 자신을 가둔 사람도 내 자식이니 이런 상태에서는 그 누구도 원망할 수가 없다. 다른 사람 때문이라면 원망이라도 할 수 있을 텐데, 남편과 자식이 서로 원수가 된 상태이니 어느 누구를 원망할 수조차 없었다. 그런 상황에서 겪게 되는 고통과 아픔이란 육신의 배고픔과 병고의 고통보다 오히려 더한 것일 수도 있다.

이것은 탐욕의 추구가 가져온 비극의 극단적 형태이다. 우리의 삶이 탐욕적 가치관을 맹종하는 한 이런 비극은 지금의 현실 속에도 얼마든지 벌어질 수 있다.

참회의 눈물로 기도하는 여인의 마음

원래 독실한 불제자였던 위제희 부인은 평소에 늘 부처님의 가르침을 가까이하고 있었다. 그러면서도 '세상 사람들이 추구하는 욕망은 화를 자초하는 것'이라는 부처님의 가르침을 가슴 깊이 받아들이지 못하고 있었다. 알아들었다고 대답만 건성건성 했을 뿐, 사실은 '세속적 가치의 거짓됨'에 대한 타이름을 무시하고 기존의 삶을 그대로 유지했다.

고통을 소멸시키는 최선의 길을 알려 주시는 부처님의 가르침을 진실로 믿고 살기보다는 왕후로서 살아가는 자신의 삶에 만족하고 자기 그릇 안에서 자기 식으로 불교를 이해했던 것이다.

그러다가 극한적인 불행이 닥치자 위제희 부인은 비로소 부처님의 가르침이 주는 근본 뜻을 불현듯 깨닫게 된다. 자신의 어리석음을 돌아보게 된 위제희 부인은 뜨거운 눈물을 흘렸다. 그 전에는 기쁜 마음으로 웃으며 절을 했는데, 이제는 엎드려서 참회의 눈물로 기도했다.

위제희 부인은 어느 때보다 간절히 부처님이 보고 싶었다. 하지만 그녀는 차마 부처님을 부르지 못하고 부처님의 제자를 청했다. 자기 자신이 진실로 부끄럽고 죄스러웠던 까닭에 감히 부처님을 청할 수가 없었던 것이다.

아버지를 해치는 아들을 낳아 그 업을 기르면서도 그것을 모르고 살아온 자신으로서는 부처님을 뵐 자격이 없다고 생각했다. 그러나 괴로움이 너무도 컸기에 부처님의 제자라도 간절히 뵙고 싶어했던 것이다.

그런데 뜻밖에도 위제희 부인의 기도에 부처님께서는 몸소 응답하셨다.

그런데 부인이 미처 머리를 들기도 전에, 부처님께서는 위제희 부인의 애틋한 하소연을 살피시고, 곧 목련과 아난에게 명하여 허공으로 날아가도록 하셨다. 그리고는 부처님께서도 기사굴산에서 홀연히 자취를 감추시어 바로 왕궁에 나타나셨다.

未擧頭頃 爾時 世尊 在耆闍崛山 知韋提希心之所念 卽勅大目犍連 及以阿難 從空而來. 佛 從耆闍崛山沒 於王宮出.

간절한 기도에 응답하시는 부처님

기도란 마음이 전달되는 것이다. 부처님께서는 중생의 마음을 그대로 전달받아 아시기 때문에 말이 아니라 마음에 응답하신다.
위제희 부인은 부처님의 가르침을 바르게 실천하지 못했던 자신의 어리석음과 죄 많음을 뼈저리게 참회하였다. 위제희 부인의 마음을 아시는 부처님께서는 스스로 몸을 나타내셨다.

위제희 부인이 기도하며 응답을 간구하고 있을 때, 부처님께서는 수많은 보살, 스님들에게 법을 설하시고 계셨다. 과연 무엇이 더 중요한 것일까? 비극적인 처지에 놓여 괴로움을 당하고 있는 한 여인, 한 때 온갖 부귀 영화에 몸을 파묻고 살았던 한 여인의 기도에 응답하는 것과 수많은 보살, 스님들에게 설법하는 것 중 더 중요한 것은 무엇일까?

사람들은 대개 수많은 보살과 스님들에게 설법하는 것이 더 중요하다고 할 것이다. 하지만 부처님께서는 지극히 간절한 기도에 응답하셔서 설법을 서둘러 마치시고 불행한 한 여인을 위해 그 자리를 떠나오셨다.

대비심으로 중생에게 다가오는 깨달음

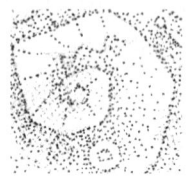

예배를 마친 위제희 부인이 머리를 들자, 천만 뜻밖에도 부처님께서 찬란한 자마금색의 몸으로 백천 보배로 이루어진 연꽃 위에 앉아 계셨다. 그리고 목련 존자는 그 왼쪽, 아난 존자는 그 오른쪽에서 부처님을 모시고 있었다. 제석천과 범천과 사대천왕 등 여러 천신들은 허공 중에 머물러 하늘꽃을 비 내리듯 뿌리며 공양하고 있었다.

時韋提希 禮已擧頭 見世尊釋迦牟尼佛 身紫金色 坐百寶蓮華. 目連侍左 阿難在右. 釋梵護世諸天 在虛空中 普雨天華 持用供養.

모두가 한몸

사람들이 부처님을 뵙고 싶어하는 것은 그 분이 깨달음을 이루셨기 때문일 것이다.

그런데 부처님께서 깨달았다는 것은 무엇을 말할까? 즉, 깨달은 사람의 모습은 어떤 것일까?

깨달은 사람은 축지법을 써서 이 산에서 저 산까지 한 순간에 왔다갔다할 수 있다든지, 또는 밥도 안 먹고 산다든지, 무엇인가 신비한 기적을 행하는 능력을 지니고 있으리라고 생각하기 쉽다. 과연 부처님의 깨달음도 그런 것일까?

깨달음을 이루신 이후부터 열반에 이르기까지, 45년간 부처님께서는 중생들에게 진리를 일깨워 주시며 사셨다. 오직 고통받는 중생들에게 다가가 항상 자비로 보살펴 주셨을 뿐이다.

위대한 깨달음을 성취하신 분이 무엇 때문에 남루한 중생들에게 오셔서 45년간이나 함께 그 속에서 사셨을까? 깨달음이 진정 무엇이기에 편안한 삶을 선택하지 않고 어렵고 힘든 중생 구제의 삶을 선택하셨을까?

부처님께서 깨달은 법을 '연기법(緣起法)'이라고 한다. '연기(緣起)'란 한 마디로 생명 모두가 그물처럼 서로 연결되어 있다는 뜻이다.

사람의 손에는 다섯 개의 손가락이 붙어 있다. 그런데 종이로 손바닥을 가리고 보면 손가락 다섯 개가 따로따로 있는 것처럼 보인다. 그러므로 손의 본래 모습을 모르면 다섯 개의 손가락이 각각 독립된 존재인 것처럼 생각한다.

　이렇듯이 사람들은 어리석게도 자신을 독립된 개체로 생각하며 산다. 그렇기 때문에 알게 모르게 다른 사람들을 짓밟고 자기 혼자만 행복하게 살려고 한다. 그렇지만 낱낱의 존재라는 것은 없다. 실상은 다섯 개의 손가락이 한손인 것과 같이 우리 모두가 결국 한몸이다. 이것이 부처님께서 깨달으신 진리이다. 하지만 중생들은 이 진리를 모르기 때문에 다른 사람을 고통 속에 몰아넣고 자기 혼자만 잘 살고자 한다.

　남보다 잘 산다는 것, 성공한다는 것은 어떤 의미일까? 보통 남보다 재물이 많거나 지위, 또는 명예가 높은 사람을 두고 성공했다고 말한다. 그렇지만 내가 남보다 재물이 많거나 신분이 높아진다는 것은 결국 나 아닌 다른 누군가는 나보다 적게 갖고 낮은 지위에 있어야 된다는 뜻이다.

　예를 들어 돈을 많이 갖는 것을 성공의 가치 척도로 여긴다고 해보자. 평균적으로 백만 원을 가지고 사는 사람들이 사는 동네에 누군가 이백만 원을 들고 가서 산다면, 사람들은 모두 '저 사람은 성공했다'고 할 것이다. 그러나 천만 원을 가지고 있는 사람이 평균적으로 일억을 가지고 사는 동네에 가서 살면 어떨까? 그 사람은 졸지에 가난한 사람이 될 것이다.

　삶에 있어서의 고통은 바로 여기에서 비롯된다. 누구나 부귀 영화를 추구하지만 이 개념 자체가 원래 상대적인 것이다. 그런데도 대다수 사람들은 자신이 원하는 상태에 도달하지 못했거나 자신의 욕망을 충족시키지 못했다는 이유로 괴로움에 빠지곤 한다.

설령 부귀 영화를 누린다고 해도 괴로움은 남는다. 부귀 영화란 대개 타인의 희생을 밑바탕으로 구축되는 것이다. 그 부귀 영화를 이루고자, 또 유지하고자 분명히 수많은 사람에게 고통을 주었을 것이다. 그렇기 때문에 자신도 그 죄업으로 인한 업보의 고통을 받게 되어 결국 누구에게나 이 세상의 고통은 끝없이 계속된다. 이런 종류의 고통은 물질 문명이 아무리 발달한다고 해도 결코 해결되지 않는다.

부처님께서 깨달으셨다는 것은 매우 단순하다. 눈을 제대로 뜨고 존재의 본래 모습을 보셨다는 뜻에 다름 아니다. 손바닥을 가리고 있는 종이를 벗기고 손 그대로의 모습을 보신 것이다. 그러니까 손가락들이 따로따로 독립해 있는 것이 아니라 한 손바닥에 붙어 있듯이, 서로 그물처럼 연결되어 있는 존재의 참모습을 보신 것이다. 이것이 '연기'이다. 연기적인 관계에 있기 때문에 모든 중생은 '동체(同體)'이다.

이렇게 '모두가 동체'임을 알면 우리 삶에 있어서의 잘못된 점도 한눈에 보이게 된다. 한 마디로 자신이 자기 자신을 짓밟고 있는 형국이 확연히 눈에 보이는 것이다. 모두가 동체임을 아는 사람은 타인을 모두 '나'로 보게 된다. 이웃의 자식이 바로 내 자식이고, 이웃의 부모가 바로 내 부모가 된다. 그러므로 당연히 누군가의 실패를 전제로 한 나의 성공이란 있을 수 없게 된다. 한 마디로 말해 우리는 모두 한몸이고 같은 손바닥에 붙은 다섯 손가락이므로 모두 다 더불어 좋아져야만 진정으로 행복해지는 것이다.

어떻게 해야 모두가 함께 좋아질 수 있을까?

현재 삶의 방향이 근원적으로 잘못되어 있음을 알고 방향을 바꾸어 나가야 한다. 기존의 삶에서는 돈도 남보다 더 많이 가져야 하고, 지위도 남보다 더 높아야 성공이라고 한다. 하지만 이것이 진정한 의미에서의 성공은 아니다.

구원이 필요한 존재

열 개의 손가락 중 하나의 손가락만 아파도 전체가 아프다. 한몸인 것을 깨닫지 못하고 있었을 때에 엄지 손가락은 새끼 손가락이 아프거나 말거나 나만 괜찮으면 된다고 생각하였을 것이다. 하지만 한몸이라는 것을 알면 새끼 손가락의 아픔이 그대로 자기의 아픔으로 똑같이 느껴지게 될 것이다. 이런 마음을 두고 '대비심(大悲心)'이라고 한다.

그렇게 되면 새끼 손가락의 아픔을 방치하고 있을 수 없게 된다. 그 고통을 고스란히 느껴 곧바로 그 아픔을 치유하고자 한다. 이것이 바로 부처가 일체 중생을 구원하는 까닭이다. 중생을 가엾게 여기기 때문이 아니라, 중생의 몸이 곧 자신의 몸이기 때문에 일체 중생을 다 구원하지 않으면 안 되는 것이다.

유마 거사는 이렇게 말했다.

"중생이 아프기 때문에 내가 아프고, 중생의 병이 나으면 내 병도 낫는다."

또 지장 보살님께서는 이런 발원을 하셨다.

"지옥에서 고통받는 중생이 한 명이라도 남아 있는 한, 나는 결코 성불하지 않겠다."

보살의 입장에서 보면 모든 중생이 자신과 한몸임은 말할 필요도 없을 정도로 당연한 일이다. 그렇기 때문에 한 중생이라도 지옥의 고통 속에 빠져 있으면 바로 자신이 지옥에서 고통받는 것처럼 여긴다. 그래서 중생을 남김없이 구원하겠다는 서원을 세우게 된다. 이것이 보살의 대비심이며 보살행의 원천이다.

보살이 중생을 구원한다는 것, 즉 보살행은 무엇을 말하는 것일까? 그것은 중생의 모든 고통을 없애는 실천이다. 한 마디로 병을 치료하는 것이다. 깨달음은 고통받는 중생의 고통을 소멸시키는 실천 그 자체이다. 실천하지 않는 공허한 관념은 결코 깨달음이 될 수 없다.

모든 존재가 연기법에 의지하는 동체임을 여실히 아는 보살에게 있어 중생이란 그 존재 자체로서 대비심을 일으키게 하는 대상이다. 따라서 보살은 구원이 필요한 존재를 위해 당연히 대비심을 발해 구제의 길로 이끈다.

부처님께서 이 세상에 오시면 누구를 먼저 구원하실까? 고결한 성자? 아니면 매우 뛰어나고 훌륭한 사람들? 그것은 결코 아닐 것이다. 자력으로는 어떻게 해볼 수 없는 커다란 고통과 많은 업보에 기달리는 중생, 억압받고 고통받으며 온갖 악연으로 괴로워하는 사람들을 구원하러 부처님께서는 이 세상에 몸을 나타내신다.

이들이야말로 부처님께서 이 세상에 오셔서 구제하시고자 하는 대상들이다. 만약 이 세상에 고통받는 사람이 없고 모두가 행복하다면 부처님께서는 굳이 오실 필요가 없을 것이다.

마치 환자가 있기 때문에 의사가 필요하듯이, 고통받는 중생이 있기 때문에 부처님께서 오신다. 우리가 고통스럽기 때문에 부처님을 찾고, 부처님께서는 고통스러운 우리의 그 마음에 응답하시는 것이다.

부처님께서 한 여인의 기도에 응답하신 것도 바로 이런 까닭이다.

삶 속에서 나오는 위대한 사상

부처님의 가르침이 위대한 것은 고통스런 현실을 스스로 해결할 수 있도록 이끌어 주시기 때문이다. 현실의 문제를 해결하기 위해 사상을 먼저 세우고 그 사상에 맞추어 현실 세계를 틀 지우고 고쳐 나가는 것은 바람직한 것이 아니다. 현실 세계를 틀 지우거나 부정하지 않는 상태에서 문제 해결의 방법을 조화롭게 이끌어 내는 것이 위대한 사상이다. 즉, 사상에서 출발하여 현실로 돌아오는 것이 아니라, 우리가 발붙이고 사는 현실 세계에서 출발하여 세계와 우주 전체로 확장되어 나가는 사상이어야 하는 것이다.

부처님의 가르침이 바로 그러한 특성을 가지고 있다.

　우리들의 현실 세계는 고통과 모순이 가득하다. 이것을 해결하기 위해서는 올바른 사상이 필요하다. 사상이란 추상적인 관념의 집적물이 아니라 현실의 고통에서 벗어날 수 있도록 이끌어 주는 구체적인 가르침이어야 한다. 그러므로 바른 사상은 현실에 대한 명확한 이해와 과학적 세계관에 근거하여 고통을 해결할 수 있는 삶의 방법을 제시하는 것이어야만 한다. 그래야만 위대한 사상이라고 할 수 있다.

　흔히들 불교를 어렵다고 한다. 한자로 된 경전도 복잡하고 큰스님 선법문(禪法門)도 무슨 소리인지 알아듣기 어려우니 그냥 절이나 하고 복이나 빌자고 말하는 사람도 있다. 그러나 이것은 잘못된 생각이다.

　불교는 저마다 다른 사람들의 근기에 맞추어 쉽게 이끌어 주고 모두가 지혜의 눈을 뜰 수 있도록 도와 준다. 모자라고 미약한 것이 많아 스스로는 눈을 뜰 수 없는 세상 사람들이나, 세속적 학문을 통해서는 눈을 뜰 수 없는 사람들을 이끌어 주는 것이 바로 불교인 것이다. 그러므로 무슨 학문 따위를 어렵게 가르쳐 주거나 선택받은 소수만을 이끌어 가는 것이 불교가 아니다.

　불교 교리가 어렵고 경전이 난해한 것처럼 여겨지지만, 사실 진리는 일상 생활 속에 드러나는 법이다. 그렇기 때문에 우리가 살고 있는 이 세상에서 마음의 눈을 바로 뜨고 부처님의 법을 귀담아 들어야 한다.

불교가 어렵다고 생각하며 무조건 복을 비는 기복 신앙으로만 치우칠 것이 아니다. 물론 기복 신앙으로 빠져드는 이유가 그뿐만은 아닐 것이다. 사람들은 괴로운 현실을 힘들어하기 때문에 당장 의지할 곳을 찾고자 기복 신앙에 매달리게 된다. 따지고 보면 집 안에서 가족들과 다투고 부대끼며 업을 짓고, 또 집 밖에서 이웃과 부딪치며 업을 짓는 생활 자체가 이미 지옥이다. 게다가 생존 경쟁에서 도태되지 않기 위해 발버둥쳐야만 하는 것도 참으로 견디기 어려운 지옥이다. 그래서 사람들은 의지하고 매달릴 곳을 찾으며 기복 신앙에 빠진다. 하지만 기복 신앙은 이런 지옥을 소멸시킬 수 있는 해결책이 되지 못한다.

이 지옥을 바른 방법으로 소멸시키자면 매일매일의 삶에서 부딪치는 고통을 통해 각자 자기 삶의 문제를 깨달아야 이 지옥을 소멸시키는 바른 길로 나아갈 수 있다. 자신의 현실에 깊숙이 뛰어들어 더 열심히 살아갈 때 부처님의 가르침은 누구에게나 쉽게 가슴에 다가오게 된다. 그렇게 본다면 불교는 결코 어려운 종교가 아니다.

<관무량수경>의 가르침은 이 입장을 분명히 하고 있다. 우리가 안고 있는 고통을 직시하고 그에 대한 해결책을 제시하고 있는 것이다.

불교의 가르침은 '죽어서 어떻게 극락에나 가 보자'는 패배주의적인 가르침도 아니고, '나는 뭘 모르니까 다음 생애에나 어떻게 한 번 해보자'고 생각하며 물러설 수 있는, 해도 그만 안 해도 그

만인 가르침이 아니다. 나이가 많으면 많은 대로, 귀가 어두우면 어두운 대로 모든 사람들이 현재 자기 삶의 자리에서 부처 되는 길을 찾아 나서야 한다. 불교의 가르침은 우리의 삶 한복판에서, 우리의 일상 생활 그 자체 안에서 우리로 하여금 부처 되는 길을 찾게 한다.

진정한 참회로 이끌어 주시는 부처님

위|제희 부인은 부처님을 뵙자 자신의 구슬 목걸이를 끊어 버리고, 몸을 가누지 못한 채 흐느껴 울며 부처님을 향해 이렇게 말했다.

"세존이시여, 저는 과거세에 무슨 죄가 있어서 이런 악독한 아들을 두게 되었습니까? 또한 부처님께서는 무슨 인연으로 데바닷타와 같은 나쁜 무리와 친족이 되셨습니까? 원컨대 세존이시여, 저를 위하여 괴로움과 번뇌가 없는 세계를 설해 주십시오. 저는 마땅히 그 곳에 태어날 것이며, 이 염부제와 같은 혼탁하고 사나운 세상에는 살고 싶지 않습니다. 이 더럽고 악한 세상에는 지옥과 아귀와 축생이 충만하고 못된 무리들이 많습니다. 저는 다음 세상에는 나쁜 소리를 듣지 않고, 사나운 무리와도 만나고 싶지 않습니다. 지금 저는 부처님 앞에 오체 투지하여 참회하고 구원을 바랍니다. 진정으로 원하옵나니, 중생의 태양이신 부처님께서는 저에게 청정한 업으로 이루어진 안락한 세계를 보여 주십시오."

時 韋提希 見佛世尊 自絶瓔珞 擧身投地 號泣向佛白言. 世尊 我宿何罪 生比惡子. 世尊復有何等因緣 與提婆達多 共爲眷屬. 唯願世尊 爲我廣說 無憂惱處. 我當往生. 不樂閻浮提 濁惡世也. 此濁惡處 地獄餓鬼畜生盈滿 多不善聚. 願我未來 不聞惡聲 不見惡人. 今向世尊 五體投地 求哀懺悔. 唯願佛日 敎我觀於淸淨業處.

원망심을 지닌 채 구원을 기다리는 어리석은 중생

뜻밖에 오신 부처님을 뵙자마자 위제희 부인은 울며 원망부터 한다. 어찌 보면 의아해지는 모습이기도 하다. 자신의 죄가 부끄러워 감히 부처님을 청하지도 못하고 있을 때 스스로 응답하여 나타나신 부처님을 두고 원망부터 하는 그녀를 비판할 수도 있을 것이다.

그러나 그것은 당연한 모습일 수도 있다. 위제희 부인은 나약하고 어리석은 중생에 지나지 않기 때문이다. 그녀가 부처님을 뵙자 원망부터 한 것은, 잘못을 저지르고 곤경에 빠져 어머니를 기다리던 아이가 어머니를 만났을 때 소리내어 울기부터 하는 것과 같다.

한 아이가 혼자 광에 들어갔다가 문이 잠겨 못 나오게 되었다고 생각해 보자. 그 아이는 평소에 어머니로부터 그 곳에 들어가면 안 된다는 주의를 자주 들었다. 그런데도 호기심을 못 이겨 어머니가 안 계신 틈을 타서 그 광에 들어갔다가 갇히게 된 것이다. 이 때 아이의 심정은 과연 어떨까. 아이는 우선 무서웠을 것이다. 어두컴컴한 광 속에 혼자 갇혀 무서움에 떨면서 문을 열어 보려고 애를 썼을 것이다. 하지만 문은 열릴 리가 없다. 아이는 한참 동안 애써 보다가 체념하고 누군가 자신을 꺼내 주기만을 기다릴 것이다. 그러면서 아이는 어머니가 아시면 야단을 크게 맞을 것이라고 걱정도 하게 될 것이다. 그렇지만 식구 중에 달리 꺼내 줄 만한 사람이 없을 때 아이는 혼날 걱정을 하면서도 어머니를 초조하게 기다리게 된다.

'엄마는 왜 빨리 안 오실까?'

이제나저제나 어머니를 기다리는 아이에게 배고픔이 느껴지기 시작하면 두려움이나 제 잘못에 대한 걱정보다는 원망하는 마음이 커지게 된다. 결국 자신의 잘못은 송두리째 잊고, '엄마는 어디 가서 무엇을 하느라고 아직도 오시지 않는 걸까?' 하는 불만만 가지게 된다. 그런 원망심으로 어머니가 오실 때만 기다리다가 시간이 더 지나면 이제는 그야말로 기다리다 지쳐 원망심도 잊고 그저 제발 빨리 와 주었으면 좋겠다는 마음만 간절하게 된다.

바로 이렇게 기진맥진한 상태에 있을 때 기다리던 어머니가 광문을 '탁' 열고 들어서면 어떨까? 고맙다는 말이 먼저 나오지는 않을 것이다. 아이는 어머니에게 달려들어 가슴을 치며,

'나를 두고 어디 갔다가 이제 왔느냐?'

이렇게 원망을 하며 엉엉 울기부터 할 것이다.

위제희 부인도 이와 마찬가지이다. 뜻밖에 오신 부처님을 뵙자마자 소리내어 울음을 터뜨리는 위제희 부인의 심정이 아마 이 어린아이의 마음과 같을 것이다. 이것이 바로 우리 중생들의 모습이다.

'자신의 욕망 충족을 위해 남을 억누르는 이기적인 삶을 살아서는 안 된다'고 부처님께 배웠으면서도 위제희 부인은 자신의 행복만 생각하며 살아왔다. 그런데도 그녀는 참회할 줄 몰랐다. 더구나 모든 고통은 스스로 지은 죄의 과보인데도 자신이 왜 그런 고통을 당해야 하는가 하는 원망하는 마음부터 앞섰던 것이다. 자신은 고통을 받을 이유가 없다는 생각과 부처님께서 빨리 오셔서 자신을 이 고통에서 벗어나도록 해주셔야 한다는 생각만 하고 있었다.

그렇지만 한편으로는 자신을 돌아보며 반성하는 마음도 미약하게나마 생겼다. 그래서 부처님을 청하는 것을 송구스럽게 여겼던 것이다.

위제희 부인이 부처님을 뵙자마자 원망하며 울부짖은 행동 속에는 이런 마음의 갈등이 그대로 드러나 있다. 그리하여 위제희 부인은 광 속에 갇혀 있다가 간신히 어머니를 만난 아이처럼 설움에 북받쳐 울음을 터뜨리며 부처님께 원망의 말을 늘어놓았다.

"부처님, 제가 전생에 무슨 죄를 지었다고 이런 고통을 받아야 합니까?"

전생을 탓하는 위제희 부인의 이 말 속에는 반성의 기미가 별로 없다. 그녀는 남편, 아들 등 주위 사람들을 원망한다. 나아가 부처님의 제자이며 친척인 데바닷타 때문에 이런 불행한 일이 일어났다고 부처님까지 원망한다. 이것이 중생심이며 우리들 삶의 모습이다. 중생들은 언제나 자기 죄업은 잊은 채 위제희 부인처럼 고통의 책임을 남에게 전가하곤 한다.

원망하는 마음에서 참회하는 마음으로

위제희 부인이 그토록 간절하게 부처님을 뵙고자 한 까닭은 무엇이었을까? 그녀는 도대체 무엇을 기도했을까? 아들 아사세가 마음을 돌려 갇혀 있는 자신도 풀려 나고 남편 빔비시라도 복위되며, 이 엄청난 불행이 생기기 이전으로 모든 것이 되돌아가게 해 달라고 빌었을 것이다.

보통 사람들은 자신이 바라는 욕망을 성취하게 해 달라고 기도하거나, 아니면 가진 것을 잃어버렸을 때 그것을 되찾게 해 달라는 기도를 한다. 위제희 부인의 기도도 이 범주에서 결코 벗어나 있지 않았다.

그러나, 부처님께서는 바로 그 욕망이 모든 재앙의 근원이므로 그것을 버리라고 하셨다. 그런데도 위제희 부인은 욕망을 버리지 않고 그 속에 깊이 빠져 살아왔다.

그녀가 누려 왔던 모든 욕망의 세계는 부처님 말씀대로 재앙의 근원이었다. 그녀는 이제 그 과보를 받고 있을 따름인 것이다.

세존이시여, 저를 위하여 괴로움과 번뇌가 없는 세계를 설해 주십시오. 저는 마땅히 그 곳에 태어날 것이며, 이 염부제와 같은 혼탁하고 사나운 세상에는 살고 싶지 않습니다.

이제 위제희 부인에게는 남편이 살아나는 것도, 아들이 용서받는 것도, 자신이 감옥에서 나가게 되는 것도 아무런 의미가 없어져 버렸다. 마침내 그녀는 "이런 탐욕의 세계인 이 세상에는 아무 미련도 없으니 부처님의 세계, 열반의 세계로 저를 인도해 주십시오."라고 청하며 본래 가르침에 대한 귀의를 갈망한다.

<관무량수경>의 위대한 점이 바로 여기에 있다. 그런데 경전을 그냥 읽다 보면 이런 내용이 잘 이해가 되지 않는다. 도대체 왜 갑자기 위제희 부인의 마음이 바뀌게 되었을까? 왜 갑자기 원망하는 마음이 사라지고 참회하는 마음이 되었으며, 불행한 사건 이전으로 돌아가려는 마음에서 정토로 나아가려는 마음으로 바뀌

게 되었을까? 여기에 깊은 의미가 있으며 경문에는 나타나지 않는 부처님의 넓은 뜻이 있다.

　이런 불행이 올 수밖에 없는 인연은 깨닫지 못하고 원망심만 잔뜩 가지고 있던 위제희 부인의 어리석음을 부처님께서 깨우쳐 주신 것이다. 부처님께서는 위제희 부인의 과거 죄업 인연을 보여 주심으로써 스스로의 잘못을 깨닫게 해주셨다.

　그 인연이란 이렇다.

스스로 지어 불행을 낳은 인연

　빔비시라 왕은 나이가 사십이 넘도록 슬하에 아들이 없었다. 그런데 당시 인도의 전통 법률은 아들이 없으면 모든 재산과 지위를 국가에서 몰수하여 다른 사람에게 물려 주게끔 되어 있었다.

　석가모니 부처님께서 출가하실 때 아버지 정반 왕이 끝까지 출가를 반대한 이유도 사실 이런 전통 때문이라고도 할 수 있었다.

　그 무렵 인도에는 300여 개의 나라가 있었는데, 마가다 국은 그 가운데서도 가장 강하고 부유한 나라였다. 그런 만큼 그 나라의 왕인 빔비시라는 모자람없는 부귀 영화를 누리고 있었다. 그렇지만 단지 아들이 없다는 이유 때문에 그 막대한 재산과 권력을 빼앗길 것을 생각하면 늘 위기감이 느껴지곤 했다. 그래서 그는 아들을 얻고자 수많은 도인을 찾아다니며 온갖 노력을 다했다.

　그러던 중 어느 수행승을 만나 이런 이야기를 듣게 되었다.

"아무리 몸부림을 친다고 해도 지금 당장은 아들을 얻을 수 없소. 당신은 3년 후에나 아들을 보게 될 것이오. 당신의 아들로 올 사람은 지금 저 설산에서 수행하고 있는 사람인데, 그의 수명이 아직 3년 더 남았기 때문이오. 그렇기 때문에 당신은 3년 후에나 아들을 얻게 될 것이오."

이 이야기를 들은 빔비시라 왕은 설산으로 신하를 보내어 그 수행자에게 요구했다.

"내가 아들이 필요하니 빨리 죽어 달라."

그러나 그 수행자는 옳은 일이 아니라며 왕의 청을 거절했다. 그러자 화가 난 빔비시라 왕은 참지 못하고 신하를 시켜 그 수행자를 죽여 버렸다. 그 때 그 수행자는,

"그대가 몸과 말과 뜻으로 나를 죽이니, 나는 그대의 아들로 태어나 반드시 이를 갚겠노라."

라는 말을 빔비시라 왕에게 남기고 죽어 갔다.

이 말을 전해 들은 빔비시라 왕에게 갑자기 두려움이 엄습했다. 그리고 앞으로 태어날 아들이 몹시 꺼려졌다.

그 후 아홉 달이 지나 위제희 부인은 아들을 낳았다. 그렇게 기다렸던 아들이건만 빔비시라 왕에게는 죽어 간 수행자의 저주의 말만 떠올랐다. 결국 그는 갓 태어난 아기를 6층 누각에서 떨어뜨려 죽이려고 했다. 그런데 어찌 된 일인지 땅에 떨어진 아기는 손가락 하나만 다쳤을 뿐, 아무렇지도 않은 듯 방글방글 웃고 있었다.

두려움에 못 이겨 갓난아기를 죽이려고 했던 빔비시라 왕이었지만, 죽지 않고 방실대며 웃는 아기의 귀여운 모습을 보자 문득 수행자의 저주가 현실로 나타나지 않을지도 모른다는 생각이 들었다. 그는 그제야 자신이 저지른 짓에 깜짝 놀랐다. 그렇게 기다렸던 귀엽고 사랑스런 아들을 그만 제 손으로 죽일 뻔했던 것이다. 그 후 그는 수행자의 저주를 잊고 아들을 귀하게 키워서 태자에 책봉했다.

한편, 당시 부처님의 제자 중에는 부처님의 사촌 형제인 데바닷타라는 사람이 있었다. 그는 권력욕을 많이 가진 사람이었다. 그는 자신이 불교 교단을 주도하고자 하는 큰 욕심을 내었다. 부처님께서 그것을 허락하실 리가 없었다.

그러자 그는 아사세 태자를 가까이하여 세속적인 권력을 등에 업고 교단을 장악하려고 하였다. 데바닷타는 아사세 태자의 출생에 얽힌 이야기를 알고 있었다. 그는 아사세에게 그 비밀을 알려주고 그를 부추겨 반역을 모의했다.

그 때까지만 해도 아사세 태자는 부모에게 효순한 아들이었다. 그렇지만 아버지가 자신을 미워하고 죽이려고 했다는 말을 데바닷타로부터 전해 듣고는 원망심과 미운 마음에 사로잡히게 되었다. 그는 이성을 잃고 아버지 빔비시라 왕을 감옥에 가두어 죽이려 하고, 어머니 위제희 부인도 감금한 채 스스로 왕위에 올라 온갖 횡포를 다 부렸다.

원망하는 마음에서 참회하는 마음으로

탐진치에 끄달리는 업보의 삶을 버리고

부처님께서는 이런 과거 인연을 일깨워 주심으로써 위제희 부인을 깨닫게 하셨다. 빔비사라 왕은 자신의 욕망을 충족시키기 위해서 무수히 많은 사람을 죽여 온 과보를 당연히 받은 것에 지나지 않음을 비로소 알게 되었다. 다시 말해 자신의 욕망 충족을 위해 많은 사람을 죽였을 뿐만 아니라, 자신의 권좌를 지키고자 갓 태어난 아들까지 죽이려 했던 그 지중한 업보가 지금의 고통으로 온 것에 지나지 않는 것이다.

위제희 부인은 그런 빔비사라 왕의 탐심을 말리지 않았고, 아들을 낳을 욕심에 어리석게도 그 일을 공모하기까지 하였다. 그러므로 위제희 부인이 겪는 고통도 당연한 업보라고 할 수 있다. 일이 이러하니 이런 업보에 의해 태어난 아사세 태자는 또 얼마나 고통스럽고 불행한 중생인가.

전생에 빔비사라 왕에 의해 죽음을 당했기 때문에 아사세 태자는 복수심을 가지고 태어났다. 그런데 태어나자마자 또 죽임을 당할 뻔했다. 결국 그는 진심(瞋心)을 크게 일으켜 아버지를 죽이고 어머니를 감옥에 가두었다. 이런 아사세가 왕이 되었다고 해서 과연 행복했을까? 그렇게 생각할 사람은 아무도 없을 것이다.

한 마디로 빔비사라 왕은 탐심(貪心)으로 죄업을 짓고, 아사세 태자는 진심(瞋心)으로 아버지를 죽이고, 위제희 부인은 어리석음 [痴心]으로 그런 불행에 휘말리게 되었다. 그러니 모두가 탐진치 삼독의 과보로 고통을 겪게 된 것이다.

　경문에는 기록되어 있지 않지만 이렇게 얽히고 설킨 인연 때문에 이런 비극이 벌어졌음을 알게 된 위제희 부인은, 이 중생계가 영영 고통에서 헤어날 수 없는 곳임을 문득 깨닫고 이 세상에 대한 미련을 가차없이 버리게 된다.

어리석은 삶을 참회하고 새롭게 태어난 사람

불행의 씨앗-탐욕

누구보다도 엄청난 비극의 주인공인 이 세 사람의 불행이란 특정한 사람들의 삶인 것만은 아니다. 정도의 차이는 있지만 삶의 기반을 탐욕에 두고 남보다 많이 소유하는 것을 성공의 가치 척도로 생각하는 한, 누구나 언제든지 이런 처지가 될 수 있다.

언젠가 어느 큰 회사에서 경영권 싸움이 일어났다. 그 싸움의 와중에 아들이 아버지를 탈세 혐의로 고발해서 결국 아들도 감옥에 가고 아버지도 감옥에 가게 되었다.

　오늘날 우리 곁에서 벌어지는 이러한 일들 역시 저 옛날 마가다 국에서 벌어진 비극과 다를 것이 없다. 권력이나 재물 등에 대한 탐욕으로 눈이 어두우면 이렇게 사람이 사람을 해치게 된다.

　탐진치에 눈이 멀어 사는 삶 속에는 이렇듯 언제나 커다란 불행의 씨앗이 잠재해 있다. 누구도 여기에서 예외가 될 수 없다. 비록 지금 행복한 듯이 여겨져도 위제희 부인의 경우처럼 언제 어디에서 불행의 과보가 닥쳐올지 모른다.

　부처님의 말씀을 듣고 자신이 고통받는 까닭을 알게 된 위제희 부인의 마음은 어떠했을까? 그 불행한 사태 이전의 삶으로 되돌아가고 싶었을까? 그것은 아니었을 것이다. 그녀는 자신의 어리석은 삶을 되돌아보고, 현재 겪고 있는 고통이란 중생이 추구하는 잘못된 가치가 낳은 당연한 결과임을 알고 마음으로부터 우러나오는 간절한 자기 참회를 하게 되었을 것이다.

좁디좁은 사고에서
　　시간적·공간적으로 확장된 사고로의 전환

　누구나 행복을 추구하지만 그 결과가 대체로 불행일 수밖에 없는 이유는 기본적으로 탐진치 삼독에 이끌리는 전도된 가치관에 기반을 두고 살아가고 있기 때문이다. 이러한 가치관의 전도는 근본적으로 매우 잘못된 것이다. 부처님의 바른 가르침인 연기법에 의지해서 삶을 바라보고 살아 나가는 것이 올바른 가치관이다. 이런 가치관을 가질 때 사람은 비로소 잠재적인 불행으로부터 벗어날 수가 있다.

어떤 종류의 것이든 문제를 접했을 때, 대개의 사람들은 목전의 이득이나 표면적 상황만 생각하는 좁은 시야 속에서 해결책을 찾고자 한다. 하지만 시각을 좀더 넓혀 시간적으로 과거 · 현재 · 미래를 보고, 공간적으로 너와 나와 우리를 함께 보는 총체적 사고를 가지고 진실을 볼 때에야 비로소 문제 해결의 열쇠를 얻을 수 있다. 이렇게 넓게 보는 것이 바로 연기법이며, 이것이야말로 부처님 가르침의 핵심이다.

위제희 부인은 이것을 몰랐다. 현재 처해 있는 고통에서 벗어나 행복을 되찾을 길만 찾고 있었기 때문에 시간적 · 공간적으로 확장된 시야가 없었다. 그랬기 때문에 자기 자신이나 남편의 잘못은 하나도 인정하지 않은 채 부처님만 원망했던 것이다.

자신과 남편은 좋은 사람이고, 아들만 나쁘다든지 또는 데바닷타가 시켜서 그렇다는 등 위제희 부인의 판단은 모두 자기 중심적이었다. 그렇게 원망심만 일으키고 있다가 부처님의 말씀을 듣고 그 불행이 자신의 아집과 이기심이 빚어 낸 결과임을 깨닫게 된 것이다.

사람을 판단하고 평가할 때도 그렇다. 어떤 사람이 좋은 사람일까를 진지하게 생각해 보기보다는 대개 자신에게 잘 해주는 사람이 좋은 사람이라고 생각해 버리고 만다. 어떤 일이 일어났을 때 자기 편이 되어 주고 자기에게 이익이 되기만 하면 그 사람이 어떤 사람이든 좋게 느낀다. 그렇기 때문에 세상 사람들이 아무리 손가락질하는 흉악범이라도 그 사람의 부인이나 자식이 볼 때는 좋은 사람일 수도 있다. 또 아무리 착한 사람이라도 자신들의 이익이나 그릇된 판단에 따라 그 사람을 싫어하는 사람들도 있다. 이것은 부처님 법의 근본이며 세상을 이루고 있는 진리인 연기법은 모른 채, 자신의 이익만을 앞세우는 좁은 시야로 판단하기 때문이다.

자기 잣대로 사람이나 사건을 판단하는 것은 매우 어리석은 행동이다. 예를 들어 부산에서 제주도로 돛단 배를 타고 간다고 생각해 보자. 이 때 바람이 자꾸 부산 쪽으로 불어서 배가 잘 안 간다면 부처님께 바람이 제주도 쪽으로 불게 해달라고 기도를 할 것이다. 이 사람 입장에서 본다면 그것은 매우 순수한 기도이다. 그렇지만 이 때 제주도에서 부산으로 오는 사람을 동시에 생각해 본다면, 내게 순풍을 불게 해 달라는 말은 저쪽에서 오는 사람에게는 역풍을 불게 해 달라는 이야기와 같다. 한쪽에는 이롭지만 다른 한쪽에게는 해로운 기도를 부처님께서 어떻게 들어 줄 수 있겠는가? 이렇게 오고가는 사람을 동시에 생각해 보면 그 처한 입장이 서로 달라 한 사람에게 이익되는 일이 다른 한 사람에게는 해로움이 되기도 한다. 이것을 따로따로 떼어 놓고 한쪽 입장만 생각하기 때문에 진실이 안 보인다.

우리들이 사람이나 사건을 판단하는 것은 이렇게 자기 아집과 이기심에 근거를 두고 있다. 그래서 저마다 있는 그대로를 보지 못한다. 저마다 자기 눈에 맞는 편견의 안경을 끼고 사람이나 사건을 평가한다. 그렇기 때문에 자기 안경에 맞으면 좋고, 자기 안경에 안 맞으면 나쁘다는 평가를 내리곤 한다.

업을 짓고 화를 부르는 잘못된 방생

자기를 중심에 놓고 자기만 옳다고 고집하는 것이 '아집'이며 '아상'이고, 나와 남을 함께 생각하는 것을 '연기'라고 한다. 우리가 진정으로 자유롭고 행복하기를 원한다면 욕망 자체를 버려야 하는데, 어리석은 까닭에 모두들 욕망 충족을 위한 기도만 한다. 그런데 인과의 법칙에 의해 보면 그것은 화를 자초하는 길이다. 결국 내게 화를 더 많이 달라는 말과 똑같다.

어느 신도가 하루는 이렇게 투덜거렸다.

"불전함에 돈을 수없이 많이 넣었지만 아무 효과도 없더라. 내가 만 원 넣어서 백만 원 돌아온다는 것을 보장만 해준다면 얼마든지 넣겠다."

만 원 넣어서 백만 원 나온다면 누가 돈을 넣지 않겠는가? 이런 마음으로 불전함에 보시한다면 그 마음은 결국 투기심에 지나지 않는다. 이렇게 모두들 노력은 조금밖에 안 하고 한꺼번에 많은 대가를 얻으려는 욕심으로 명산 대찰을 찾아다니며 기도를 한다. 그것이 이루어질 까닭이 없다.

머리도 나쁘고 공부도 하지 않으면서 무조건 좋은 대학에 들어가야 된다고 기도하는 것은 공부 잘 하는 남의 자식은 떨어지라는 소리가 된다. 이렇게 자기 욕망 충족을 위한 기도란 크게 보면 남을 못 되게 하는 것이다. 그것은 기도를 하러 다니는 것이 아니라 업을 지으러 다니는 셈이다. 이렇게 절마다 다니면서 원망하고 업을 지으면 당연히 불행의 과보를 받을 수밖에 없다.

연기적인 관점에서 이 세상을 바라보면 무엇을 잘못하고 있는지 바로 알 수 있다. 형제간이든 집단간이든 자기 고집과 이기심 때문에 갈등과 싸움이 일어나곤 한다. 타인의 입장이 되어 한 번이라도 생각해 본다면 이런 문제가 일어나지 않을 것이다.

덧붙여 이런 것도 생각해 볼 수 있다. 불자들은 자주 방생을 하곤 한다. 내 목숨이 위태로울 때 누군가 나를 살려 준다면 그 고마움이란 말할 수 없이 커서 은혜를 꼭 갚겠다고 맹세를 할 것이다. 또한 누구든 육도 윤회하는 중생계를 쉽게 벗어나기 어렵기 때문에 일체의 생명 가진 것은 나의 조상일 수도 있고 아니면 이웃일 수도 있다. 그래서 그 생명을 살리는 방생의 공덕이 제일 크다고들 한다.

그런데 요즘의 방생은 이런 본뜻과는 사뭇 다른 모습이다. 생명을 아끼기 때문에 물고기를 풀어 주는 것이 아니라, 내 복을 빌기 위하여 물고기를 이용하는 꼴이다. 그러다 보니 자라 등에 이름을 써서 놓아 주면서,

"요놈, 내가 너를 살려 주니 나에게 꼭 복을 가져 오너라."

이렇게 이기적인 기원을 한다. 이것은 놀부가 제비 다리를 부러 뜨려 놓고 치료해 주는 것과 똑같은 심보이다.

이런 마음으로 방생이나 기도를 하면 복은커녕 오히려 화를 불러오게 된다. 그런데도 사람들은 탐진치에 눈이 멀어 진실을 못 보기 때문에 자꾸 방생하며 업을 짓는다.

진실을 알고 삶의 방향을 바꾼 위제희 부인

부처님의 말씀을 듣고 진리를 깨닫게 된 위제희 부인에게는 이제, 이전에 자신이 누렸던 부귀 영화는 문제가 안 된다. 위제희 부인의 마음에서는 '다시 왕후가 되겠다'든가 '어떻게 해서든지 남편 빔비사라 왕이 감옥에서 나오게 해 달라'든가 '아사세 태자를 어떻게 벌을 주라'는 원망도 요구도 미움도 다 사라졌다. 다만 이런 세상에 더 이상 있고 싶지 않다고 이야기할 뿐이다.

위제희 부인은 삶에 있어서의 방향 전환을 크게 하게 된다.

> 더럽고 악한 세상에는 지옥과 아귀와 축생이 충만하고 못된 무리들이 많습니다.

알고 보면 지옥은 다른 것이 아니다. 서로 해치고 감옥에 가두고 서로 미워하는 것이 지옥이 아니고 무엇이겠는가? 부모가 자식을 죽이는 것이 축생이 아니고 무엇이겠는가? 또 아귀라는 것은 무엇인가? 서로 더 갖고자 싸우는 추악한 존재들이 바로 아귀이다. 그러므로 지옥, 아귀, 축생은 다른 곳에 동떨어진 남의 일이 아니다. 이렇게 본다면 잘못 살아온 삶 자체가 이미 지옥, 아귀, 축생의 삶이다.

저는 다음 세상에는 나쁜 소리를 듣지 않고, 나쁜 무리와도 만나고 싶지 않습니다.

남을 누르고 올라서서 자신의 욕망만을 충족시키고, 그런 삶이 성공이라고 말하는 세상의 흐름이 싫다는 말이다. 그런 소리는 듣기도 싫을 뿐더러 그렇게 사는 사람과의 만남도 싫다는 말로서, 이제 다시는 그런 삶을 살지 않겠다는 뜻이다.

저는 부처님 앞에 오체 투지하여 참회하고 구원을 바랍니다. 중생의 태양이신 부처님께서는 저에게 청정한 업으로 이루어진 안락한 세계를 보여 주십시오.

눈물에는 두 가지가 있다. 밖으로 흘리는 눈물과 안으로 흘리는 눈물이 그것이다. 밖으로 흘리는 눈물은 원망하는 마음에서 일어난다. 비록 자신의 잘못을 안다고 해도 밖을 향한 마음으로 울 때에는 누군가를 원망하고 탓하는 심정을 밑바탕에 깔고 있다. 원망하는 마음으로 우는 사람은 바라던 바가 충족되면 금방 표정을 바꾸고 태도가 돌변하여 교만해진다.

하지만 이 대목에서 위제희 부인이 흘린 눈물은 그런 눈물이 아니었다. 마음 깊이 흐르는 진정한 참회의 눈물이었다. 세상의 참모습과 인연의 법칙을 보게 되어 자신의 어리석음을 절실히 깨닫게 되었고, 그로 인해 자연스럽게 가슴 깊은 곳으로부터 뜨거운 눈물이 솟아오른 것이다.

이렇게 진정으로 참회할 때 비로소 업장이 소멸되어 청정한 세계인 극락 정토에 이르게 된다.

진정한 참회로 태어나는 새 사람

마른 풀이 불에 타듯, 화롯불에 떨어진 눈이 흔적 없이 사라지듯 백 겁으로 쌓인 무수한 죄업도 한 순간에 녹을 때가 있다. 진정한 참회는 모든 죄업을 순식간에 녹여 내린다.

부처님께서 살아 계시던 당시 인도에서 99명을 죽인 살인자 앙굴리말라도 진정으로 자기 잘못을 뉘우쳤기 때문에 그의 죄업이 모두 녹아 내렸다. 그래서 그는 부처님의 제자가 될 수 있었다. 천 명의 군사를 이끌고 앙굴리말라를 잡으러 온 프라세나짓 왕에게 부처님께서는 승려 한 사람을 내어놓고,

"앙굴리말라는 이미 죽었다. 이 사람은 새로 태어났다."

이렇게 말씀하셨다. '새 사람'이라는 선언을 하신 것이다.

보통 사람들은 죽어서 새로 태어나야 새 사람이라고 한다. 그러

화롯불에 떨어진 눈이 흔적 없이 사라지듯
진정한 참회는
백겁으로 쌓인 죄업을 순식간에 녹인다

나 여전히 탐욕을 키우며 그릇된 가치관을 고치지 않고 사는 것은 아무리 거듭 죽고 나도 새 사람이 될 수 없다. 욕망과 어리석음에서 비롯되는 업을 계속 지니고 살기 때문에 헌 사람일 수밖에 없다. 결론적으로 말해, 죽었다가 다시 태어났다고 해서 새 사람이 되는 것은 결코 아니다. 똑같은 육신을 계속 가지고 있다고 해도 삶의 가치관이 완전히 바뀌어 내적인 정신이 탈바꿈해 새로이 태어났다면, 새 사람이 되었다고 말할 수 있다. 그렇기 때문에 부처님께서는, 99명을 죽인 살인자 앙굴리말라는 이미 과거 전생의 존재에 지나지 않으며, 참회하고 출가한 이후의 앙굴리말라는 전생과 무관한 새 사람이라고 선언하신 것이다.

이런 일은 창녀인 연화색녀가 부처님께 귀의했을 때에도 일어났다. 많은 제자들이 그녀의 출가를 반대했다. 제자들은 세상 사람들이 손가락질할 것을 두려워했다. 하지만 그녀가 진정으로 참회하고 새 사람으로 다시 태어났기 때문에 부처님께서는 그 모든 반대에도 불구하고 그녀의 출가를 기꺼이 받아 주셨다.

'새 사람이 된다'는 것은 매우 깊은 의미를 가지고 있다. 그 자리에서 사람이 완전히 바뀌어 버리는 기적이 이루어지는 것이기 때문이다.

깊고 깊은 마음속으로부터 간절하게 참회하여 업장이 소멸되면 새 사람이다. 죽는다고 해서 인생 문제가 끝나는 것도 아니고, 해결이 되는 것은 더더욱 아니다. 다만 어리석은 중생들이 육신에 집착하여 육신이 죽으면 문제가 끝나거나 해결되는 것처럼 착각할 뿐이다. 삶 속에서, 현재 생의 고통과 어려움 속에서 적극적으로 삶의 방향을 바꾸어 수없는 생애 동안 쌓아 온 죄업을 모두 참회하고 새 출발하지 않으면 나고 죽기를 반복하면서 죄업만 더 쌓게 된다.

새 사람이 되는 것은 죽음을 통해 새로운 육신의 옷을 갈아입음으로써 이루어지는 것이 아니고, 현재 생에서 자신의 잘못을 깊이 뉘우치고 참회하여 스스로 이루어 내는 것이다.

고통에 찬 사바 세계에 건설되는 극락 정토

그 때 부처님의 양미간에서 찬란한 금색의 광명이 발하여 한량 없는 시방 세계를 두루 비추었다. 그 광명은 다시 돌아와 부처님의 머리 위에 머물더니 황금의 좌대로 변하였는데, 그 모습은 마치 수미산과 같았다. 그리고 시방 세계 부처님들의 청정 미묘한 불국토가 모두 그 가운데 나타났다. 어느 국토는 칠보로 이루어지고, 어느 국토는 순수한 연꽃만으로 되어 있으며, 어느 국토는 자재천궁과 같이 장엄하고, 어느 국토는 수정 거울과 같았다. 부처님께서는 이와 같이 헤아릴 수 없는 불국토를 분명하게 보여 주셨다.

그 때 위제희 부인은 부처님께 말씀드렸다.

"세존이시여, 이러한 여러 불국토는 모두 다 청정하고 광명이 충만해 있습니다. 그러나 저는 그 중에서도 아미타불이 계시는 극락 세계에 태어나고 싶습니다. 오직 바라옵건대 세존이시여, 저에게 극락 세계에 왕생하기 위한 마음가짐과 바른 수행법을 가르쳐 주십시오."

爾時 世尊 放眉間光 其光金色 徧照十方 無量世界. 還住佛頂 化爲金臺 如須彌山. 十方諸佛 淨妙國土 皆於中現. 或有國土 七寶合成 復有國土 純是蓮華 復有國土 如自在天宮 復有國土 如玻瓈鏡 十方國土 皆於中現. 有如是等 無量諸佛國土 嚴顯可觀. 令韋提希見. 時 韋提希 白佛言. 世尊 是諸佛土 雖復淸淨 皆有光明. 我今樂生 極樂世界 阿彌陀佛所. 唯願 世尊 敎我思惟 敎我正受.

함께 기쁠 수 있는 세계-청정 불국토

지난날의 삶을 진실로 참회한 위제희 부인은 탐진치에 끄달려 서로 싸우고 미워하고 괴로워하는 이 세상의 어리석음에서 떠나고 싶었다. 그렇기 때문에, 탐욕과 투쟁의 세계가 아니라 모든 사람들이 더불어 기쁘게 살 수 있는 세계를 보여 달라고 청한 것이다.

위제희 부인이 청을 드리자마자 부처님께서 보여 주시는 청정 불국토의 모습은 바로 눈앞에 실존하신 부처님으로부터 시작된다. 그리고 다시 그 부처님의 모습 속에서 완성된다.

맑고 찬란한 불국토의 모습을 본 위제희 부인은 그 세계야말로 진정한 이상 세계라고 생각하게 된다. 더구나 그런 불국토가 한량없이 많음을 보고 죄 많은 자신도 진정으로 참회한다면 그 가운데

어느 한 국토에는 가서 살 수 있으리라는 희망을 가지게 된다. 그
래서 그 가운데 아미타 부처님의 나라, 즉 극락 세계에 나기를 간
절히 발원한다.

이 말을 들으신 부처님께서는 미소를 지으셨다. 오색 광명이 부처님
입에서 나와 그 찬란한 빛이 빔비시라 왕의 머리 위를 비쳤다. 빔비시
라 왕은 비록 옥중에 갇혀 있는 처지였지만, 마음의 눈은 훤히 열려
멀리 부처님을 뵙고 머리 숙여 예배하였다. 그러자 자연히 욕계의 번
뇌가 끊어지고 다시 욕계에 물러나지 않는 아나함과의 경계를 성취하
게 되었다.

爾時 世尊 卽便微笑. 有五色光 從佛口出. 一一光 照頻婆娑羅頂.
爾時 大王 雖在幽閉 心眼無障 遙見世尊 頭面作禮 自然增進 成阿那
含.

다 함께 부처님 세계로 나아가는 복된 삶

그 기도를 들으신 부처님께서는 웃음을 띠고 대견한 듯 위제희
부인을 바라보셨다. 그리고 그 기도에 응해 주셨다. 그런데 그 방
법이 뜻밖이었다. 위제희 부인을 직접 극락 세계에 데려가 주신
것이 아니라, 남편인 빔비시라 왕을 불국토로 인도해 주신 것이다.
"세존이시여, 이러한 여러 불국토는 모두 다 청정하고 광명이
충만하옵니다. 그러나 저는 그 중에서도 아미타불이 계시는 극락

세계에 가서 태어나고자 원하옵니다. 오직 바라옵건대 세존이시여, 저에게 극락 세계에 왕생하기 위한 마음가짐과 바른 수행법을 말씀하여 주옵소서."

위제희 부인은 이렇게 빌었을 뿐, 남편에 대한 얘기는 한 적이 없었다. 그런데 부처님께서는 뜻밖에도 빔비시라 왕을 구원하셨다. 부처님께서는 도대체 왜 빔비시라 왕을 먼저 구원하신 것일까?

부처님께서 깨달은 연기법은 세상에 있는 모든 존재들이 다 같은 한몸이라는 내용을 담고 있다. 연기법의 관점에서는 위제희 부인과 빔비시라 왕은 결코 서로 다른 사람이 아니다. 부처님께서는 빔비시라 왕을 먼저 구원하심으로써 이를 가르쳐 주고자 하신 것이다.

위제희 부인은 이것을 이해했다. 이미 진정한 참회를 하여 새 사람이 되었기 때문이다. 모든 중생이 자신과 한몸임을 알기에 자신이 불국토에 가든 남편이 불국토에 가든 다를 것은 없었다. 뿐만 아니라 설혹 자신도 남편도 아닌 다른 사람이 불국토에 나게 된다고 해도 괜찮았다.

결국 위제희 부인처럼 진정으로 새 사람이 된 자가 불국토에 나기를 원한다는 것은, 자연적으로 모든 중생들이 함께 가기를 원한다는 뜻이 된다. 부처님께서는 그 마음을 다 아신다. 그렇기 때문에 먼저 감옥에 갇혀 있던 빔비시라 왕을 청정한 불국토로 인도해 주심으로써 기도에 응해 주신 것이다.

이렇듯 엄청난 고통 속에서 진정한 참회를 통해 새 사람이 된 한 사람의 간절한 마음이란 중생 모두를 구제하는 커다란 결과를 낳는 힘을 가지고 있다. 반면 자신이 눈 먼 삶을 살고 있다는 것을 깨닫지 못하고, 진정한 참회를 하지 않은 채 욕심으로 불국토를 가고자 한다면 도리어 자신조차도 구원받지 못하게 되기도 한다.

목련 존자의 어머니와 관련된 일화에서도 이것과 비슷한 교훈을 발견할 수 있다. 목련 존자의 어머니는 생전에 죄를 많이 지었기 때문에 지옥에서 고통을 받고 있었다. 목련 존자는 그 어머니를 위해 구원의 인연을 찾아 보았다. 그녀가 생전에 방에 들어온 거미 한 마리를 살려 보내 주는 작은 선행 한 가지를 행한 것을 발견한 그는 그 거미로부터 나온 거미줄을 지옥으로 내려 보낸다. 그 거미줄은 실낱 같은 선행의 과보로 주어진 것이었다.

지옥고에 시달리던 목련 존자의 어머니가 그 거미줄을 간신히 붙잡고 지옥에서 벗어나려고 할 때, 지옥 중생들은 너나 할 것 없이 그 거미줄을 붙잡고 늘어졌다. 거미줄이 끊어질까 두려웠던 목련 존자의 어머니는 따라오는 그들을 발로 차서 떨어뜨려 버렸다. 자신만 살겠다는 욕심에 사로잡혔던 것이다. 그러나 목련 존자의 어머니가 지옥 중생들을 발로 차 내는 순간 거미줄은 뚝 끊어져 버렸고, 그녀 자신도 다시 지옥에 빠지게 되었다.

'내가 고통을 겪고 보니 저 모든 중생들의 고통이 얼마나 큰가를 알겠구나. 그러니 어찌 나만 살겠는가. 다 함께 가자.'

만일 그녀가 이런 마음을 냈더라면 그 거미줄은 굵고 튼튼한 동아줄보다도 강해져서 수많은 중생의 죄업 무게를 충분히 감당할 수 있었을 것이고, 결국 모두가 지옥고에서 벗어날 수 있었을 것이다.

목련 존자의 어머니가 위제희 부인처럼 대오 각성하여 지옥의 중생들이 모두 자기에 다름 아니라는 것을 알고 그들을 먼저 살리고자 했다면 그녀 자신은 물론 지옥 중생들까지도 한꺼번에 구원을 받게 되었을 것이라는 얘기이다.

이렇게 우리가 하나임을 깨달아 서로를 먼저 위해 주는 마음을 낼 때 모든 존재가 더불어 구원받을 수 있다. 이것이 불교와 인과의 참된 모습이다.

깨닫고 보면 고통스런 현실도 부처님 은혜

위제희 부인은 모든 존재가 사실은 한몸이라는 것을 깨닫고 참회해서 새 사람이 되었다. 그녀는 새로운 삶을 살게 된 것이다. 그녀는 부처님의 말씀을 직접 듣고 깨달음을 얻었지만, 우리들은 수행을 통해 깨달음을 얻어 삶을 바꾸어 나가야 한다.

살면서 고통을 느끼고 장애에 부딪쳤을 때 그 문제를 스스로 풀어 가고자 성실히 노력하는 과정이 바로 수행이다. 그러므로 수행이란 현실을 떠난 특정한 곳에서 해 나가는 것이 아니라, 바로 고통스러운 현실 속에서 하는 것이다.

이런 수행을 통해 우리가 얻는 것은 올바른 방향으로 바뀌어 가는 자신의 참모습이다. 수행을 통해 얻는 것은 단순한 지식이나 현실적 삶에 이익이 되는 힘 따위가 아니다. 수행은 여태까지의 가치관을 전환시킴으로써 삶의 방향을 바꾸는 과정이다. 지금까지의 그릇된 삶을 깨닫고 다시는 그렇게 살지 않고 부처의 길로 나아가겠다는 진정한 참회와 서원을 세운 사람은, 이미 부처의 길로 들어선 자신의 모습을 발견하게 되고 크게 기뻐하게 된다. 이것이 수행이 우리에게 가져다 주는 기쁨이다.

이렇게 자신의 삶이 바뀌어 미움도 갈등도 사라지면 세계의 있는 그대로의 모습이 이미 부처님의 세계라는 것을 깨닫게 된다. 수행을 통해 이런 깨달음을 얻고 보면 고통조차도 괴로운 것이 아니라 바로 더없이 자비하신 부처님의 은혜임을 알게 된다. 고통으로 인해서 깨달음이 가능해지는 것이기 때문이다.

현재적 삶이 주는 고통에 빠져 있는 우리는 어쩌면 부처님께서 대비심으로 우리에게 내려 주신 거미줄을 겨우 붙잡고 있는 것과 같은지도 모른다. 이 때 우리들이 모두가 한몸인 것을 깨닫지 못하고 혼자 고통에서 빠져나가겠다고 발버둥치다가는 결국 거미줄이 끊기고 더없이 소중한 구원의 기회를 놓치고 말 것이다. 그러나 우리가 수행을 통해 진정으로 대비심을 일깨우게 되어 나뿐만 아니라 모두가 더불어 사는 길을 택할 때, 우리 앞에는 실낱같이 가는 거미줄이 놓여 있는 것이 아니라 세상에서 가장 튼튼하고 아름다운 구원의 줄이 다가오게 될 것이다.

그 때에 부처님께서는 위제희 부인에게 말씀하셨다.

"그대는 잘 알지 못하고 있지만 아미타불은 결코 멀리 계시는 것이 아니다. 그대는 마음을 가다듬어 청정한 업으로 이루어진 저 극락 세계를 자세히 관찰하라. 나는 지금 그대를 위하여 널리 가지가지의 비유를 들어 설하겠노라. 또한 그에 의해 미래 세상의 모든 중생들이 청정한 업을 닦아서 서방 극락 세계에 왕생할 수 있도록 할 것이니라.

爾時 世尊 告韋提希. 汝今知不 阿彌陀佛 去此不遠. 汝當繫念 諦觀彼國 淨業成者. 我今爲汝 廣說衆譬. 亦令未來世一切凡夫 欲修淨業者 得生西方極樂國土.

현실 세계 속에 스스로 건설하는 정토 세계

부처님 세계를 본 위제희 부인은 마음이 평온해진다. 그 때까지만 해도 위제희 부인은 극락 세계에 대해서 자기 나름대로의 생각을 가지고 있었다.

그녀는 극락 세계를 이 사바 세계에서 아주 멀리 떨어진 곳으로 생각했을 것이다. 어쩌면 저 우주 끝쯤 되는 곳에 극락 세계가 있다고 생각했는지도 모른다. 그래서 위제희 부인은 아집과 탐진치의 삼독으로 가득 찬 이 세상을 떠나 이상적인 극락 세계에 가기를 원했다. 그런데 부처님께서 위제희 부인의 이런 생각을 고쳐서 극락 세계란 이 고통의 세상을 떠난 저 먼 곳에 있는 것이 아니라, 지금 고통받고 있는 이 세계 그 자체라는 것을 알려 주신다.

다시 말해 진정한 참회를 통해 깨달음을 얻으면 내가 발 딛고 선 이 땅이 바로 극락 정토라는 것이다.

깨달음을 통해 새롭게 태어난 사람들이 모여 함께 이루어 가는 정토, 그 세계는 결코 나 혼자 가는 세계일 수 없다. 보통 사람들은 복권도 나만 당첨되어야 하고, 시험도 내 아들만 붙어야 한다는 식의 중생심을 내곤 한다. 그러나 엄청나게 많은 수험생 가운데 소수의 학생만 대학에 진학할 수 있고 나머지는 가지 못하는 불평등한 세계를 만드는 이기적인 마음으로는 결코 이상 세계를 이룰 수 없다.

부처님께서는 위제희 부인에게 분명하게 말씀하셨다.

"나는 지금 그대를 위하여 널리 가지가지의 비유를 들어 보이리라. 그리하여 미래 세상의 모든 중생들도 청정한 업을 닦아서 서방 극락 세계에 태어날 수 있도록 하리라."

부처님은 이런 말씀을 통해 한 사람을 구하는 것이 중생 전체를 구하는 것이라는 것을 확실하게 알려 주신다.

극락 세계에 나는 복된 수행

극락 세계에 태어나려고 하는 사람은 세 가지의 복을 닦아야 한다. 첫째는 부모에게 효도하고 스승과 어른을 받들어 섬기며, 자비한 마음으로 살생하지 말고 지성으로 십선업을 닦는 것이다. 둘째는 부처님과 불법과 성인, 이 삼보에 귀의하여 여러 가지 계율을 지키며 위의를 바르게 하는 것이다. 셋째는 위없는 진리를 깨닫고자 하는 보리심을 내어 깊이 인과의 도리를 믿고 대승 경전을 독송하며 다른 사람에게도 그렇게 하도록 권하는 것이다. 그래서 이러한 세 가지의 수행을 극락 세계에 태어나는 청정한 행이라 하느니라."

欲生彼國者 當修三福. 一者孝養父母 奉事師長 慈心不殺 修十善業. 二者受持三歸 具足衆戒 不犯威儀. 三者發菩提心 深信因果 讀誦大

乘 勸進行者. 如此三事 名爲淨業.

문제 해결의 주체로 설 때 열리는 세계

극락 세계가 멀리 있는 것이 아니라, 바로 지금 이 자리가 극락 세계라는 말씀은 곧 우리가 부처님의 가르침대로 청정한 수행을 하면 내가 사는 이 세계가 바로 극락 세계라는 뜻이다.

어느 집안이든 여러 가지 어렵고 복잡한 일 때문에 괴로움이 많다. 그런데 이런 괴로움을 느낄 때 자식은 부모가, 부모는 자식이, 남편은 아내가, 아내는 남편이 어떻게 좀 나를 도와 주었으면 좋겠다는 생각을 갖게 된다. 집안 일뿐만 아니라 어려움에 부딪칠 때면 늘 이렇게 누군가에게 의지하려고 한다. 그러나 고통에 부딪치는 순간, 그 고통을 회피하지 않고 스스로 길을 찾아 나서게 되면 그 문제는 이미 반은 해결된 것이나 마찬가지이다.

이렇게 어떤 다른 이상적인 공간으로 이동하여 행복을 만나는 것이 아니라, 내 마음을 바꾸어 문제를 해결할 때 고뇌와 고통에서 벗어나게 된다. 모든 사람이 이렇게 수행하는 자세로 성실히 살 때 내가 사는 이 세계가 차츰 변화하고, 나와 함께 사는 다른 사람들도 변화하게 된다. 그러면 마침내 다 함께 청정하고 행복한 삶을 누릴 수 있다. 이것이 부처님께서 말씀하시는 정토 세계의 진정한 의미이다.

첫째는 부모에게 효도하고 스승과 어른을 받들어 섬기며, 자비한 마음으로 살생하지 말고 지성으로 십선업을 닦는 것이다.

상대방의 마음으로 돌아가는 것, 이것이 극락 세계로 가는 첫걸음이다

부처님께 매일 공양 올리고 돈도 많이 보시하면서 불상 앞에서 빈다고 극락 세계에 갈 수 있는 것은 아니다. 극락 세계에 가고자 하는 사람은 무엇보다도 먼저 남에게 무엇인가를 바라는 마음을 버려야 한다.

사람들이 보통 부모님에게 원망심을 갖는 것은 의지하려는 마음이 있기 때문이다. 부모는 자녀에게 모든 것을 다 바친다. 이렇게 아낌없이 사랑을 주는 부모가 섭섭한 마음이 클 듯한데 이상하게도 받는 자녀가 더 섭섭해 하고 미워하는 마음을 많이 갖는다. 부모로부터 받는 사랑이 아무리 커도 자녀는 더 많은 사랑을 기대하기 때문이다. 그렇기 때문에 당연히 부족감과 섭섭함을 느낄 수밖에 없다.

그런데 거꾸로 부모가 자녀를 미워할 때가 온다. 그것은 오랜 시간이 흐른 후 자녀가 어른이 되고 부모가 늙었을 때이다. 즉, 부모가 자녀에게 의지하기 시작하면서 미운 마음이 일어나게 되는 것이다. 물론 부모가 자녀를 키우면서 무슨 기대감을 가지고 있었던 것은 아니라고 할 수 있다.

'내가 너를 키우니까 너는 나한테 나중에 잘 해야 된다.'

이런 생각을 하고 키운 것은 아니라는 말이다. 부모는 무조건적인 사랑을 자녀에게 주면서 키우는 것 자체에서 기쁨을 느낀다.

그런데 나중에 나이가 들면 상황이 달라진다. 자녀가 조금이라도 섭섭하게 대하면 '내가 그토록 고생하면서 키웠는데, 네가 나한테 이럴 수 있느냐?' 하는 원망심이 일어난다.

자녀가 어릴 때 부모에게 어딘가 섭섭하고 미운 마음이 들었던 것처럼, 나이 든 부모는 성장한 자녀에게 어딘가 섭섭한 마음을 갖게 되는 것이다. 이럴 때는 자녀가 부모에게 아무리 잘해 주어도 소용없다. 부모의 기대치가 높기 때문이다.

근본적인 해결책은 부모가 자기 마음을 스스로 다스리는 수행을 해서 자녀에게 의지하려는 마음을 버리는 것이다. 그렇지만 자녀의 노력이 먼저 필요하다. 이제는 늙고 힘이 없어진 부모의 마음과 은혜를 헤아리고 그 섭섭한 마음을 위로해 주려는 자세와 함께 부모의 마음으로 돌아가 보려고 노력하는 것이 필요하다.

이렇게 노력하여 부모의 마음으로 돌아가 볼 때, 바로 내 자식도 내 마음을 헤아려 주는 지혜와 사랑을 배우게 된다. 만약 그렇지 않고 부모에게 불효해서 내가 내 부모를 미워하게 되면 내 자녀 또한 나를 미워하게 되는 것이 인과의 법칙이다.

부모님께 용돈을 드리고 잠자리를 마련해 드린다고 해서 효도를 다한 것은 아니다. 무엇보다 먼저 부모의 마음과 입장으로 돌아가서 이해하는 것이 절대적으로 필요하다. 설령 물질적으로는 제대로 도와 드리지 못하고, 자주 찾아 뵙지 못한다 해도 항상 부모님께 감사하고 미안한 마음을 잃지 않아야 한다.

가끔이라도 부모님을 찾아 뵙게 되면,

"자주 찾아 뵙고 자식된 도리를 다해야 하는데 그렇지 못해서 죄송합니다."

이렇게 진심으로 말씀드릴 수 있어야 한다.

이 말이 진정으로 마음속에서 우러나온 말이라면, 부모는 오히려 자식을 안쓰럽게 생각할 것이고, 이런 것을 자식이 보고 배운다면 내 자식 또한 부모인 나에게 그와 같이 진심으로 대하게 될 것이다.

물론 자식에게 그런 대우를 받고자 하는 마음을 가지고 부모님께 잘해 드리라는 것은 아니다. 마음속에서 저절로 우러나오는 부모님을 향한 사랑 때문에 그렇게 잘해 드리는 것이다. 이런 사랑을 곁에서 보고 배운다면 자식의 마음에도 부모를 향한 사랑이 넘칠 것이다. 그렇게 된다면, 자식은 마음속에 커다란 사랑을 지니고 성장하게 되는 셈이다. 부모된 이로서 자식에게 베풀 수 있는 사랑으로 이보다 더 큰 것이 어디 있겠는가. 결국, 부모에게 효도하는 것은 곧 자식에게 올바른 사랑을 베푸는 길과 상통하는 것이다.

부처님께서 자녀 문제를 굳이 언급하지 않는 것도 부모에게 잘하면 자녀 문제란 그 인과의 법칙에 따라 저절로 해결되기 때문이다. 부모와 자녀간의 관계뿐 아니라 부부 관계, 형제 관계도 같은 이치이다. 서로가 상대편의 입장과 마음을 이해하려는 노력이 제일 중요하다. 이것이 모든 괴로움에서 벗어나 극락 세계로 가는 첫걸음이다.

스승과 이웃을 받들어 모실 때도 마찬가지이다. 그들의 입장과 뜻을 헤아려 주어야 한다. 스승이 잘해 주는 데 제자가 스승에게 원망심을 갖는 것도 기대감 때문이다. 자녀가 부모에게 원망심을 갖는 것과 똑같은 이치이다. 스승의 마음을 헤아려 보려는 노력은 하지 않고 '스승은 제자의 입장을 다 이해해 주어야 된다'라는 식의 일방적인 기대감과 의존적 사고를 가지고 있기 때문에 항상 문제가 된다. 아무리 훌륭한 사람을 만난다 해도 이런 마음으로는 괴롭고 미운 마음만 자꾸 일어나게 된다. 처음에는 스승을 만난 기쁨에 취해 이런 마음이 생기지 않는다 해도 함께 살아가다 보면 반드시 그렇게 될 수밖에 없다. 점점 더 큰 것, 더 많은 것을 의지하게 되기 때문이다.

자신의 요구에 상대방이 조금이라도 못 미치면 섭섭해 하고 실망하게 되는 것이 인지상정이다.

'이 사람이라면 어떤 문제든 능히 해결해 줄 수 있을 것 같고,

이 사람을 의지하면 무엇이든 다 이루어질 것 같은데 나를 하나도 도와 주지 않는다.'

이런 식으로 생각하니 제 뜻대로 안 되면 미운 마음이 생겨난다.

이렇듯 우리에게 기대하는 마음이 있는 한, 신을 만난다 해도 또 부처님을 만난다 해도 원망심은 생겨나게 마련이다. 극락 세계는 이런 의지하는 마음으로는 갈 수 없다. 스스로 삶의 주인이 되어 부모와 스승과 이웃들을 받들어 섬기면서 그들의 입장을 헤아려 보고 이해하는 것, 이것이 정토로 가는 기본 조건이다.

십선(十善)의 적극적인 삶

십선은 열 가지의 단순한 선행을 뜻하는 것이 아니라, 모든 악을 짓지 않고 선을 일구어 가는 적극적인 삶을 말하는 것이다. 결국 십악(十惡), 즉 몸과 말과 뜻으로 짓는 모든 악을 범하지 않으려고 노력하는 것에서 십선(十善)은 출발된다. 여기에서 십악에 무엇이 있으며 어떻게 해야 그 십악을 짓지 않는 삶을 살 수 있는지 생각해 보자.

먼저 몸으로 짓는 세 가지 악이 있다.

첫째는 살생하는 죄업이다.

불가에서는 전통적으로 살생을 금하고 있다. 여기에서 살생하지 말라는 말은 모든 생명을 아끼고 사랑하라는 적극적인 의미를 갖는다. 다만 악행을 자제하는 것만을 뜻하는 소극적 의미가 아니다.

둘째는 도둑질하는 죄업이다.

도둑질하지 않는다는 것을 적극적으로 해석해 본다면, 단순히 도둑질하지 않는 것에서 끝나는 것이 아니라 인연 있는 모든 사람에게 베풀어 주는 행위, 보시를 해야 한다는 의미를 발견할 수 있다. 우리 모두가 알게 모르게 다른 존재들의 은혜 속에 살고 있기 때문이다. 그러므로 도둑질하지 말라는 이 말 속에는 이미 적극적인 선행의 의미가 포함되어 있다.

셋째는 삿된 음행을 하는 죄업이다.

문자적이고 편협한 해석을 떠나 현대인의 삶에 어울리는 계율로 확대하여 해석해 본다면 타인을 자신의 욕망과 쾌락의 도구로 사용해서는 안 된다고 받아들일 수 있을 것이다. 그것은 이미 하나의 악이라고 할 수 있다. 그러므로 그렇게 하지 않는 것이 선이다. 이 말의 근저에는 모든 사람을 존중해 주고 아낄 줄 알아야 한다는 뜻이 깔려 있다.

그 다음에는 말로 짓는 네 가지 죄업이 있다.

이 네 가지 죄업을 통틀어 쉽게 말하자면 거짓말하는 죄업이라고 할 수 있다.

이 네 가지 거짓말을 좀더 구체적으로 설명하면, 왜곡해서 속이는 것이 망어(妄語)요, 여기 가서 이 말하고, 저기 가서 저 말을 하거나, 또 자신이 필요할 때는 이렇게 말하고 필요 없을 때는 저렇게 하는 것이 양설(兩舌)이다. 없는 말을 있는 말처럼 꾸며서 하거나 자기 마음이 그렇지 않으면서도 그런 척하는 말이 기어(綺語)요, 욕설하거나 악담을 해서 상대방의 가슴에 못을 박는 말이 악구(惡口)이다.

이 네 가지 말을 하지 않는 것이 선(善)의 출발이며, 더 나아가서 항상 진실한 말을 하는 것이 선이다. 상대방에게 부드럽게 말하되 꾸며서 말하지 않고 언제나 진실된 말을 하는 것이 선이며, 악업을 짓지 않는 것이 된다.

마지막으로 뜻으로 짓는 세 가지의 죄업이 있다.

그것은 바로 탐·진·치 삼독이다. 탐진치란 욕심내고 성내고 어리석은 세 가지의 마음을 말한다. 이러한 탐진치 삼독을 제거하는 것이 계·정·혜 삼학(三學)이다.

탐욕이 일어나지 않게 베푸는 마음을 가지고 계를 지키며[戒], 다른 사람의 처지를 이해함으로써 마음을 안정시키고[定], 성내지 않고 밝은 마음과 지혜를 닦음으로 어리석음을 벗어나는 것[慧], 이것이 바로 계·정·혜 삼학이다.

이러한 십악을 저지르지 않고 닦아 나가는 십선이란 굳이 불교라는 종교적 원리를 빌려 설명할 필요가 없다. 인간 삶의 기본 도리라고 할 수 있기 때문이다. 사람이라면 누구나 자기와 함께 사는 가족을 생각하고, 이웃을 생각하고, 나아가 모든 사람을 생각하는 마음을 가져야 된다. 이것은 매우 당연한 일이다. 그런 마음이면 현실 속에서 겪고 있는 고통은 거의 다 사라져 버리게 된다.

그러면 바로 극락 세계가 눈앞에 나타나게 된다.

극락 세계에 간다는 것은 현재 내가 겪고 있는 고통을 나 스스로 극복하여 사라지게 함으로써 내가 선 이 자리에 극락 세계를 이루어 낸다는 뜻이지, 현재 삶으로부터 도피하여 나중에 극락 세계에 가는 것이 아니다. 즉, 수행으로 현재 존재하는 고통이 모두 사라지면 바로 극락 세계가 열리는 것이고, 현재 내 자신이 괴로움을 극복하지 못하여 그 괴로움 속에 빠져 있다면 이 순간에 지옥이 눈앞에 펼쳐지고 있는 셈이다.

그러니까 우리가 그렇게 가고 싶어하는 극락 세계란 바로 우리가 현실 속에서 이루어 가는 행복과 함께 구현되는 것이다. 십악의 죄업을 짓지 않고 십선을 부지런히 닦음으로써 우리들은 극락 세계를 일구어 갈 수 있다.

행복의 바다, 부처 세계를 향해 함께 가는 법다운 삶

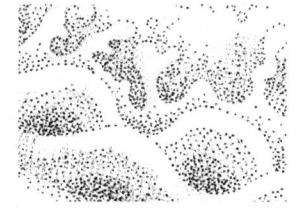

둘째는 부처님과 불법과 성인, 이 삼보에 귀의하여 여러 가지 계율을 지키며 위의를 바르게 하는 것이다.

부처 세계, 그 행복의 바다로

불자들에게 있어서 삶의 근원적인 목적은 성불이다. 그렇지만 세상 속에서 살아가다 보면 삶의 수단인 돈을 벌거나 권력을 잡는 것을 인생의 목적처럼 착각하게 된다. 그래서 성불한다는 생각은 잊어버리고 지엽적인 것들만 추구한다.

그러나 진실로 극락 세계에 나기를 원하는 사람이라면 늘 부처님을 생각하고 인생의 목적을 잊지 말아야 한다. 인생의 참된 목적지인 부처님 세계로 자기 삶을 이끌어 가는 것은 마치 시냇물 한 방울이 저마다 바다를 향해 곧바로 나아가는 것과도 같다.

맑은 시냇물로 흐르든, 아니면 하수구의 더러운 물로 흘러가든, 잠시 지하수로 고여 있든 관계없이 모든 물은 흐르고 바다로 향한다. 흐르는 물이 바다로 향하듯, 사람들도 저마다 자기 삶의 특정한 상황 속에 갇혀 있지만 그 마음의 밑바닥에는 부처님 세계로 되돌아가고자 하는 본성이 갖추어져 있다.

다만 그것이 잘 드러나지 않을 뿐만 아니라 순조롭게 목적지에 이르는 것도 아니다. 한 방울의 물이 커다란 강에까지 무사히 흘러왔다고 해도 반드시 바다로 갈 수 있는 것만은 아니다. 흘러가던 도중에 댐에 갇히거나, 수원지의 물이 되어 퍼올려져서 일반 가정집에 들어가기도 한다. 그 곳에서 사용된 후 하수구로 버려져 또 다시 예전에 있었던 강으로 가는 경우도 있고, 그러다 또 갇혀서 다시 퍼올려지기도 한다. 또 한 방울의 물이 어떤 때는 맑은 물이 되었다가 어떤 때는 하수구의 오염된 물이 되기도 하며, 어떤 때는 주전자나 우물에 갇혀 있는 상태로 전전하기도 하면서 쉽게 바다에 이르지 못하기도 한다. 이것이 바로 중생들이 육도 윤회하는 모습이라고 할 수 있다.

이렇게 갇혀 있다 보면 자신의 본래 갈 곳을 잊고 지금 갇혀 있는 상태를 자기라고 착각하고 고집하게 된다. 둥근 컵 속에 있는 물은 원래 자유 자재한데 지금 일시적으로 갇혀 둥근 모양을 하고 있다. 이 물을 네모난 컵에 담으면 네모난 컵 모양의 물이 된다. 이 물을 주전자에 담으면 주전자처럼 물의 모양이 바뀐다. 물은 본래 모양이 없는데 컵에 담기고 주전자에 갇힘으로 해서 특정한 모양을 가지게 된다.

본래 부처인 우리도 따로 모양이 없다. 다만 우리가 살아가며 지은 업 때문에 각각의 모양을 이루는 것이다. 그리고는 어리석게도 그 업을 자기라고 착각하고 있다. 그러면서 이렇게 생각한다.

'너는 나와 다르다. 너와 나는 따로따로 분리되어 존재한다.'

하지만 이것은 두 개의 컵을 놓고서 그 속의 물들이 마치 영원히 합해지지 않을 것이라고 생각하는 것과 같다.

그러나 두 개의 컵 속의 물은 분명 합쳐질 수 있다. 그렇듯이 깨달음을 얻어 본래 면목을 찾아 부처의 세계에 이르고 보면 모두가 한몸일 뿐이다. 즉, 만 개의 강줄기가 바다로 흘러 들어가면 자연스럽게 하나가 되듯이 우리가 모두 깨달음을 얻어 부처가 되면 너와 내가 따로 존재하는 것이 아니라 하나라는 것을 알게 된다.

결국 갇혀 있는 상태를 벗어 던질 때 너와 나의 구분이 없는 세계, 즉 자유와 행복이 넘쳐나는 세계에 도달하게 된다. 그런데도 사람들은 환상에 사로잡혀 이 행복의 바다를 떠나 황량한 사막으로 자꾸 기어 들어간다.

계절이 바뀌어 강남으로 날아가려는 제비를 붙잡아 따뜻한 방 안에서 몇 년 정도 키우면 제비는 가야 할 강남은 새까맣게 잊어버리고 제가 본래 텃새인 줄 알게 된다. 중생들이 바로 이 제비와 똑같다. 오랫동안 육도를 윤회하다가 부처 세계로 가야 하는 것을 까맣게 잊고 있는 것이다.

만 중생을 포용하는 부처 세계로 가는 인생-귀의불

이렇듯 중생들이 부처 세계로 가는 것을 잊은 채 탐욕을 좇고 번뇌에 끄달리고 있을 때, 부처님께서는 우리 중생이 본래 부처임을 일깨워 주셔서 중생을 부처 세계로 이끌어 주신다. 부처님의 입장에서 볼 때 중생이 번뇌에 시달리며 방황한다는 것은 자신의 일부가 떨어져 나가 헤매고 있는 것과 마찬가지이다. 그러므로 그냥 내버려 둘 수가 없는 것이다. 이것이 부처님의 본원력이다.

대자 대비하신 부처님께서는 우리 모두를 부처 세계로 인도하고자 끊임없이 끌어당기신다. 불교를 믿는 사람이든 안 믿는 사람이든, 부처 세계로 가고자 하는 의지를 가진 사람이든 아니든 간에 한 사람도 빼놓지 않고 인도해 주신다.

그렇기 때문에 아무리 악독한 사람이라도 부처님의 음성을 듣게 되고 끝내는 부처가 될 수 있는 것이다.

설혹 지독하게 악독한 사람이 있어서 그를 빼놓고 싶어한다고 해도 빼고 구제한다는 것이 불가능하다. 모든 사람의 본래 면목이 부처이기 때문이다. 아무리 악독한 사람이라도 양심의 저 깊은 곳에는 부처의 성품이 있다. 이것은 심하게 오염된 물이라 해도 불순물을 제거하고 정화시키면 맑은 물이 되는 것과 같다.

업장에 가리운 중생들이 본성품을 외면하고 부처의 세계, 그 행복의 바다로 나아가지 않으려 할 때에도 부처님께서는 자애롭게 이끌어 주신다.

인생의 참된 목적은 한두 사람만 갈 수 있는 산꼭대기에 있는 것이 아니다. 모든 사람을 포용하는 드넓은 바다로 나아가는 것이 인생의 참된 목적이다.

너도나도 남을 짓밟고 위로만 올라가려 하니 결국 수많은 사람이 밑에 깔리게 된다. 그래서 불평등한 피라미드 구조의 현상이 나타나는 것이다.

세상에는 수만의 강줄기가 있어 그 낱낱이 다 바다로 가고자 한다. 이 많은 물들이 한꺼번에 바다로 몰려도 바다는 넓은 품으로 모두 받아들인다. 이 바다처럼 부처님께서는 모든 중생을 남김없이 받아 안아 마침내 부처 세계로 이끄신다. 이렇게 바다처럼 넓은 부처님 세계에서는 모두가 다 함께 행복하다.

부처님께 귀의한다는 것은 중생의 본원(本願)이 구경에는 부처의 세계로 나아가는 것임을 확실히 깨닫고 믿는 것을 말한다.

부처 세계로 나아가는 가장 빠른 길-귀의법

부처님께서는 스스로 이 세상에 중생의 모습으로 오셔서 부처가 되고 부처로 살아가는 모습을 우리에게 보여 주셨다. 중생들이 그 모습을 보고 부처의 세계로 나아갈 수 있도록 하신 것이다. 그런 부처님의 삶 자체가 부처님의 가르침이다.

부처님의 가르침은 중생들이 부처의 세계로 나아가는 데 있어 가장 쉽고 빠른 길을 제시하고 있다. 따라서 부처 세계로 가고자 하는 사람은 바로 이 가르침에 의지해야 하는데, 이 가르침이 바로 법이다. 법에 귀의한다는 말은 부처님의 가르침에 의지할 때에 가장 빨리 부처 세계로 갈 수 있음을 믿는 것을 말한다.

청정한 공동체와 더불어 하는 삶-귀의승

인생의 목적지를 바로 알고, 가는 방법도 바로 알고 있을 때 우리는 그 곳으로 수월하게 나아갈 수 있다. 더구나 그 길을 잘 아는 사람의 인도를 받거나, 아니면 여럿이 함께 간다면 훨씬 더 목적지에 빠르게 도달할 수 있다.

그런데 그 길을 혼자 간다면 어떨까?

등산할 때를 생각해 보자.

혼자 등산할 때는 자꾸 꾀가 난다. 정상을 목적지로 삼았을지라도 중간쯤 올라가다가 다리가 아프고 땀도 나고 힘이 들면 포기하고 내려오기가 십상이다.

"에이, 정상에 간다고 뭐 별다를 것 있나? 그냥 내려가 버릴까?"

이렇기 때문에 등산은 함께 가는 것이 좋다.

몇 사람이 함께 등산하는 모습을 그려보자.

한 사람이 먼저 지치고 다리가 아파서 안 올라가겠다고 하면 누군가가, "이 사람아, 여기까지 왔는데 온 길이 아깝지도 않은가?"라고 하면서 같이 가자고 손을 잡아 끌어 줄 것이다. 그러면 좀 지쳤어도 다시 정상에 올라갈 힘을 얻게 된다. 이렇게 다시 올라가다가 보면 반대로 아까 손 내밀어 이끌어 주던 사람이 꾀가 날 수도 있다. 그래서 이번에는 그가, "가 봐야 별볼일 없으니 내려가자"라고 투덜대면 이번에는 아까 뒤쳐졌던 사람이 뒤에서 밀어준다.

"아니, 여기까지 와서 어떻게 그냥 내려가는가? 조금만 더 참고 끝까지 가 보세."

이렇게 끌어 주고 밀어 주며 서로 돕는 가운데 마침내 정상에 다다르게 된다. 같이 가는 이 길에서는 누가 억지로 끌려가고 누가 억지로 끌어가는 것도 아니다.

이렇게 갈 때 지도를 좀 잘 보고 길을 더 잘 아는 사람이 있다면 목적지인 정상까지 가는 데 좀더 수월할 수도 있을 것이다. 부처님 세계로 나아가는 데 있어서 먼저 눈을 뜨고 길을 쉽게 갈 수 있도록 일러 주는 사람이 바로 승(僧)이다.

그렇지만 승이라고 해서 늘 앞서 있는 것만은 아니다. 목적지를 향해 나란히 걸어가는 모든 사람들이 승이라고 할 수 있다. 부처님께서도 스스로가 교단을 이끌거나 지도한다는 생각은 하시지 않았다. 그래서 부처님께서는 제자들을 부를 때 항상 '좋은 벗'이라고 하셨다. 그러므로 불교에서는 앞서 있는 스승과 따라가는 제자의 구분 없이 도를 함께 구하는 사람, 즉 도반이 있을 뿐이다.

승단(僧團)은 인생의 목적과 방법을 함께 하는 도반들의 모임이다. 그러므로 구성원간의 친밀함과 결속력이 피를 나눈 부모, 형제보다 더 단단하다. 승단의 청정성은 그 결속력의 바탕이 된다. 청정성을 잃어 투철한 목표 의식과 실천이 없는 승단은 이미 승단이 아니다. 또한 불자가 부처 되는 그 근본 목적을 잊고 실천하지 않을 때 그는 이미 불자가 아니다.

'거룩한 스님들께 귀의한다'라는 것은 승단의 일원이 되어 모든 사람들과 함께 부처의 길로 나아간다는 것을 의미한다. 그것은 서로 도반이 되고 끌어 주고 당겨 준다는 의미를 포함한다.

삼보에 귀의하는 기쁨

'부처님'과 '부처님의 가르침'과 '가르침을 따르는 스님들'을 불·법·승 삼보라고 한다.

이 불·법·승 삼보에 귀의하면 무한한 기쁨을 느낄 수 있다. 항상 우리를 인도해 주시는 훌륭한 부처님께 귀의하고, 그분의 가르침을 믿으며, 또 그 가르침에 따라 살아가는 승단의 일원이 되면 마음에 편안함이 찾아오게 된다.

기쁜 마음으로 부처님을 따르고 법을 따르며 교단을 존중하는 삶을 살아가는 것, 이것이 삼보에 귀의하는 것이다.

귀의하는 마음이 흔들리지 않을 때 불교 교단만큼 단결되고 굳건한 단체는 없을 것이다. 인생의 목적을 같이 하고 그 목적을 이루는 방법을 같이 하며, 서로가 서로를 도반으로 생각할 것이기 때문이다.

법다운 삶을 사는 불자

계(戒)는 부처 되는 길로 나아가기 위한, 삶의 가치관이라고 할 수 있다. 따라서 삼보에 귀의한 사람은 마땅히 계를 잘 지키고 살아야 한다.

삼보에 귀의하여 계를 지키는 불자의 삶은 늘 흐트러짐 없어 거룩하고 기품 있게 느껴질 것이다.

그러면 사람들이 존경심을 느끼고 우러러보게 된다. 내가 나를 거룩하게 보아 달라고 요구한다고 해서 남이 나를 거룩하게 보는 것은 아니다. 외모가 잘났거나 재력이 많다고 해서 거룩하게 보는 것도 아니다. 잘났든 못났든, 늙었든 젊었든, 남자든 여자든, 또는 신체가 불구이든 아니든, 이 모든 것에 관계없이 그 삶의 모습이 진실로 불자다운 삶일 때 존경은 저절로 따라오는 것이다.

그러므로 승복을 입었다든지 가사를 걸쳤다든지, 혹은 비단으로 장식한 옷을 입었다든지 높은 의자에 앉았다든지 해서 거룩해지는 것이 아니다. 바른 삶을 살고자 하는 마음을 갖게 될 때 스스로 거룩해지는 것이다.

진정한 불자로서의 삶을 흔들림없이 지켜 가고 있는 사람은 어느 곳에 있든지, 어느 때이든지 사람들로부터 많은 존경을 받게 된다. 이 때의 존경심은 그야말로 마음으로부터 우러나온 것이다.

  사람들로부터 이렇게 존경받을 때 그 사람은 저절로 법사가 된다. 지식의 많고 적음, 지위의 높고 낮음에 상관없이 모든 사람을 이끌어 갈 수 있는 능력이 갖추어지는 셈이다. 부모가 자녀에게 바른 길을 일러 주어도 법사이고, 아내가 남편에게 바른 길을 일러 주어도 법사이다. 그러므로 누구나 다 법사가 될 수 있다. 사실 우리 주변에는 말없이 보살행을 행하는 이름 없는 법사들이 많다. 그러므로 법사가 되고 보살이 되는 길이 그렇게 어렵고 특별한 것은 아니다. 정토 세계에 가고자 하는 사람은 누구나 부처님의 가르침에 따라 살면서 법사나 보살이 될 수 있다.

  하지만 아무나 법사나 보살이 될 수 있는 것은 분명 아니다. 마음속에서 저절로 우러나오는 존경을 받을 자격이 있는 사람만이 법사나 보살이 될 수 있다. 이 존경은 계를 지킬 때 따라오는 것이다.

전법과 수행이 하나 되는 새로운 삶

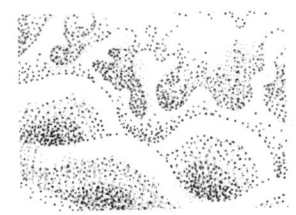

셋째는 위없는 진리를 깨닫고자 하는 보리심을 내어 깊이 인과의 도리를 믿고 대승 경전을 독송하며 다른 사람에게도 그렇게 하도록 권하는 것이다.

새로운 삶을 찾는 새로운 마음

"여래는 육신이 아니라 깨달음의 지혜이다. 육신은 곧 지·수·화·풍 사대로 흩어져 돌아가지만, 깨달음의 지혜는 영원히 남아 너희들 곁에 있으리라."

-<대반열반경>

이것은 부처님께서 열반에 드실 때 하신 말씀이다. 부처 세계에 영원히 머물러 있는 것은 육신이 아니다. 바로 우리가 깨달음을 이루었을 때 부처님께서 우리 곁에 항상 함께 하시는 것이며, 우리가 부처 세계에 상주할 수 있게 되는 것이다. 결국 우리를 부처 세계로 나아가 머물 수 있도록 해주는 것은 깨달음뿐이다. 이 깨달음을 구하는 마음, 그것이 바로 부처의 씨앗인 보리심이다.

보리심을 내면 새로운 삶이 시작된다. 일체 중생이 원래 하나의 몸[同體]이라는 것을 깨닫고 이웃의 아픔을 곧 자신의 아픔으로 받아들이는 대아적(大我的)인 삶이 시작되는 것이다. 이웃의 아픔을 자신의 아픔으로 느끼는 이 마음이 보살의 대비심(大悲心)이다. 이러한 대비심으로 이웃의 고통까지도 함께 치유해 나아가는 것이 깨달음의 길로 나아가는 행(行)이다.

보리심을 발한 자는 온 우주의 고통을 제 한몸에 다 떠안는다고 해도 고통에 허덕이지 않는다. 오히려 언제나 생기 있고 힘찬 삶을 살아간다. 하지만 보리심은 어떤 특별한 사람만이 일으키는 마음이 아니다.

'법문을 듣고 부처님의 가르침에 따라 사니까 기쁘구나. 또 수행하며 사는 것이 욕심에 끄달리는 이전의 삶보다 훨씬 더 마음 뿌듯하고 살맛이 나는구나.'

이렇게 일어나는 소박한 마음이 바로 보리심이다.

보리심을 일으킨 사람, 즉 발심(發心)한 사람에게는 이제까지 가지고 있던 마음이 아니라 깨달음의 새로운 마음이 열린다. 그리하여 그 마음자리에는 넘치는 희망과 샘솟는 힘이 있다. 그러니 얼마나 기쁘겠는가.

큰 병을 앓고 죽을 고비를 넘기고 나서 온갖 욕심에 끄달려 살아가는 인생살이가 별것이 아니라고 느끼거나, 혹은 애써 모은 재산을 한 순간에 날려 보내고 나서 그 재산이란 것이 별것 아니었다는 것을 느끼거나, 아니면 실연의 상처 뒤에 사랑이라는 것도 사실 아무것도 아니었다는 것을 느낄 때, 이 때가 발심의 순간이라고 볼 수 있다. 생활의 순간순간 마음속에 느껴지는 깨달음, 이것이 다 발심인 것이다.

때로는 직접 고통을 경험하지 않고 발심하기도 한다. TV에서 어렵게 살아가는 사람들의 모습이 나왔을 때 문득,

'아, 저렇게 어려운 사람도 있는데 나는 이제까지 너무 편안하게 살아왔구나. 나도 이제 남을 돕고 살아야 되겠다.'

이런 마음이 일어났다면 이것도 발심이다.

깨달음에 이르게 하는 힘은 사실 이 발심으로부터 비롯된다. 아무리 소박한 마음에서 비롯한 것일지라도 처음 발심한 그 마음을 계속 밀고 나갈 수만 있다면 그대로 부처의 길에 이르게 된다. 그래서 '초발심시변정각(初發心時便正覺)', 즉 첫마음이 깨달음이라고 한다.

그러나 우리 중생들은 욕심에 끄달려 살기 때문에 초발심이 일어났다가도 금방 사그라들고 또 다시 욕심이 앞서 버리기 쉽다. 사실 우리가 그 마음을 끝까지 끌고 갈 수만 있다면 따로 부처님

의 가르침을 필요로 하지도 않을 것이다.

부처님의 가르침을 생각하며 그에 따라 살아가야 하는 까닭이 여기에 있다. 시간이 흐를수록 욕심에 이끌려 초발심의 자세를 잊어버리기 때문에 초발심으로 돌아가고자 하는 노력을 해야 하는데, 항상 부처님의 가르침을 생각하며 배우고 따라갈 때 초발심이 오래도록 유지된다.

삶 속에 이런저런 재미있는 일, 좋은 일들이 많이 있겠지만 진리의 길, 깨달음의 길, 중생을 위하는 부처의 길로 가는 것처럼 정말로 보람 있고 행복한 길은 없을 것이다. 이것을 알고 위없는 진리를 깨닫고자 하는 보리심을 낸 사람은 자연스럽게 인과를 믿게 된다.

내가 누군가에게 기대하는 마음이 있다면 언젠가는 내게 원망하는 마음이 일어날 것이고, 아무런 기대 없이 남을 돕거나 이익되게 하면 기쁨이 돌아오는 인과의 법칙을 깨닫고 스스로 베풀고자 하는 마음을 낼 때 바로 성불의 길로 갈 수 있는 문이 열린다. 그 때 비로소 우리 삶은 부처 세계를 향해 흐트러짐 없이 나아가는 방향을 찾게 된다. 이 인과의 도리를 삶의 기반으로 삼을 때, 비로소 부처님의 법에 대한 올바른 이해와 실천이 이루어진다.

수행과 전법이 하나되는 기쁨과 확신의 삶

부처님께서 설하신 수많은 가르침을 모아 놓은 경전은 한 마디로 말해 아픈 사람에게 주는 처방전과 같다. 병에 따른 정확한 처방만이 치료의 지름길이다. 바른 처방이 아닐 때는 약이 오히려 독으로 작용하기도 한다.

사람들이 경전을 읽고 배우는 것은 경전이 중생의 병을 치료하는 좋은 처방전이기 때문이다. 그런데 처방전만 가지고 있어서는 병을 치료할 수 없다. 그 처방에 따라 지은 약을 먹어야만 한다. 그와 마찬가지로 고통을 소멸시킬 수 있는 좋은 가르침을 안다 해도 그에 따라 실천하지 않으면 고통은 소멸되지 않는다.

다시 말해, 집착을 버리라는 가르침을 안다고 해서 집착을 버릴 수 있게 되는 것은 아니라는 뜻이다. 실제로 자신이 집착을 내려놓고 버릴 수 있어야 비로소 고통은 나로부터 떠나가게 된다. 그러므로 실천이 행해질 때 고통이 사라지고 기쁨이 생겨난다.

이렇게 자기 문제를 해결한 경험, 즉 체험이 있을 때 그 가르침에 대해 흔들림 없는 확신을 갖게 된다. 이렇게 되면 그 가르침을 통해 만날 수 있는 기쁨을 함께 나누기 위해 이웃에 가르침을 전하게 된다.

고통받는 이웃을 보고 그 고통을 자신의 것처럼 아프게 느껴서

'부처님의 말씀에 따른다면 반드시 저 괴로움에서 벗어날 수 있을 것이다.'

이런 생각을 하게 된다면 전법은 자연히 이루어지게 된다. 전법한다는 생각도 없이 자신도 모르게 전법을 하게 되고, 그들의 고통이 소멸되는 것을 보고 나 자신의 일보다 더 기뻐하게 된다.

부처님의 가르침을 바로 안다면 사실 이웃에 널리 전법하는 것에 어떤 장애도 있을 수 없다. 그러나 막상 전법을 생각할 때, 대개의 경우 이런 생각을 하고 망설이게 된다. 제일 먼저 드는 생각은 '나도 모르는데 내가 어떻게 전법을 하느냐'라는 것이다.

'공부부터 하자. 내가 뭘 안다고 전법을 하겠는가? 먼저 깨달아야 전법을 하든지 말든지 하지, 깨닫지도 못한 주제에 누구를 가르치겠는가? 눈 먼 봉사가 모두를 데리고 도랑 속에 같이 빠지는 격이 아니냐?'

이런 생각을 하다가 마침내는 전법을 포기하고 만다.

또 한편으로는 부처님 법을 믿고 그 가르침에 따르기로 한 불자라면 이미 보살도를 걷기 시작한 것이나 마찬가지이므로 이렇게 생각할 수도 있다.

'보살에게는 중생을 제도해야 하는 의무가 있다. 그러므로 내가 아직 부처님 법에 대해 잘 모르는 부분이 있고 미처 깨닫지 못하였다고 해도 먼저 전법에 나서서 중생 제도의 길을 걸어야 하는 것이 아닐까?'

결국은 이 두 가지의 태도 사이에서 오랫동안 혼란에 빠져 있게 된다.

그러나 불교의 근본 입장에서 보면 이 두 가지 생각 다 잘못된 것으로, 굳이 집착할 필요가 없는 견해이다. 왜냐 하면 여기에는 '나는 이끌어 가는 사람이고 너는 뒤따라오는 사람이다'라는 이분법적인 사고틀이 전제되어 있기 때문이다. 불교에는 그런 이분법적 사고틀이 존재하지 않는다.

  너와 내가 함께 부처님의 가르침대로 살아 나감으로써 부처의 세계를 이루어 가겠다는 생각을 한다면, 앞선 사람도 없고 뒤따라오는 사람도 없다. 그저 더불어 함께 나아가는 것만이 있는 것이다. 그렇다면 먼저 부처님 법을 만나 깨달았기 때문에 누구를 구제한다는 생각도 할 필요가 없고, 부처님 법을 뒤늦게 만났다고 해서 일방적으로 구제당하는 입장이라고 생각할 필요도 없다.

모든 중생에게 열려 있는 길

  이웃집에 전법을 할 때 '우리 절의 신도를 몇 명 더 늘려야지' 하는 생각으로 해서는 안 된다. 자신이 속한 절이든, 아니면 불교계 전체이든 신자가 많아져야 된다는 것은 쓸데없는 욕심일 뿐이다.

  이웃이 고통에 빠져 있을 때 마음으로부터 그 사람의 고통에 동참하고 싶어져서,

  '아, 이 분이 부처님의 가르침을 듣는다면 고통에서 벗어날 수 있을 텐데, 참 안타깝다.'

  이런 생각이 저절로 일어나야 한다. 그리고 이런 마음으로 전법을 해야 한다. 즉, 전법의 목적이 그 전법 대상자의 고통을 구원해 주는 데 있어야 한다.

  그런데 자기 고통 구원받으라고 절에 가자고 여러 차례 권유하

는데도 그 사람이 따라 주지 않으면 은근히 원망심이 생겨날 수도 있다.

'내가 그만큼 헌신적으로 잘해 주고 가자, 가자 하는데도 절에 안 오니 다시는 말을 하지 말아야지. 돈을 빌려 달라고 해도 빌려 주지 말아야지.'

이런 마음까지 먹는 사람도 더러 있다.

그렇지만 전법은 자기 욕심을 충족시키는 것이 아니다. 이웃을 위해서 진정으로 고통을 나누고 싶고 무엇인가를 베풀고 싶다면 그 사람이 아무리 거절해도 서운해하거나 은근한 원망심을 일으키지 않아야 한다.

열심히 전법을 해야 되는 것은 부처님의 가르침이 옳은 길이기 때문이고, 그것이 두말할 나위도 없이 매우 확연한 길이기 때문이지, 내 욕심을 만족시키기 위해서는 아니다.

부처님의 가르침은 우리 모두가 함께 행복한 삶으로 갈 수 있는 길이다. 그것을 가족이든 친구이든 이웃 사람이든, 누구에게든지 알려 주기 위해 전법하는 것이다.

그런데 여기에서 생각해 보아야 할 것이 있다. 전법을 할 때 대개 자신의 가족들은 제쳐놓고 다른 사람에게만 전법하려고 한다. 하지만 전법은 가장 가까운 곳에서 시작해야 한다. 나와 가장 가까운 사람은 당연히 내 가족이므로 가족에게 먼저 전법을 하고 나아가 친구, 더 나아가서 이웃에게 전법해야 한다.

가족은 제쳐두고 남에게만 전법을 하겠다고 나서는 사람들은

'남도 내 가족 아니냐'라는 논리를 내세운다. 하지만 이런 사람들이 과연 남을 내 가족처럼 여겨서 그들에게 전법하고자 하는 것일까? 잘 생각해 보면 꼭 그런 것은 아니다. 제 가족에게 전법을 하지 못하는 이유는 자신이 없기 때문이다. 자신이 부처님 가르침을 제대로 실천하지 못하기 때문에 가족에게 전법할 때 부끄러움이 생기는 것이다. 그렇기 때문에 자꾸 먼 곳에 있는 사람들에게만 전법하려고 한다. 그러나 함께 사는 가족에게 전법을 할 수 있어야 먼 이웃에게 제대로 전법을 할 수 있다.

전법이란 삶의 괴로움 속에서 헤매는 사람들에게 보다 빨리 고통에서 벗어나 바른 길로 나아가는 방법을 제시하기 위해서 하는 것이다. 곧, 부처님의 가르침을 전달하는 전법이어야 한다는 뜻이다.

이 때 전법은 마땅히 해야 하는 의무나 당위가 아니라, 바로 그 자체가 기쁨이 된다. 전법을 통해 모든 사람을 위하는 셈이 되기 때문이다. 전법이 그대로 기쁨이 될 수 있는 경계에 도달하게 되면 현실 세계 안에 존재하는 정토를 보게 된다.

그래서 이러한 세 가지의 수행을 극락 세계에 태어나는 청정한 행이라 한다.

중생의 삶의 방법은 크게 보아 두 가지로 나눌 수 있다.
하나는 나만 생각하고 나만 위하는 것이다. 그런 삶의 방법을 선택한 사람은 자신을 위해서 남에게 고통을 주기도 한다. 하지만 이 길을 따를 때 궁극에는 내가 행복해지기는커녕 괴로움만 돌아온다.

다른 하나는 언제나 남을 생각하고 남을 위하는 것으로서, 남을 위해 희생을 감수하고 고통을 참고 견딘다. 그렇지만 이것은 생각처럼 쉬운 것이 아니기 때문에 자연적으로 괴로움이 발생하게 된다. 그 괴로움이 커져서 견디기 힘들어지면 갈등을 빚게 되기 때문에 결과적으로는 남을 돕는 것이 아니라 오히려 남을 괴롭히는 행위가 될 수 있다.

이 두 가지 방법 모두가 어느 한쪽에 치우쳐서 사는 것으로서, 결국 좋은 결과를 얻어내지 못한다. 불교의 가르침은 나와 남을 구분하지 않음으로써 이 어리석음에서 벗어난다. 부처님의 가르침을 통해서 보면 나와 남이 둘이 아닌 하나로서 '우리'라는 것을 알게 된다. 그래서 '나의 행복'인 '남의 행복'을 위해서 살게 된다. 그렇게 되면 그 길은 남을 위하되 곧 자기를 위하는 길이 되기 때문에 희생하고 봉사한다는 생각이 없다. 그러면 나와 남이 동시에 행복해지게 된다.

약한 범부를 부처 세계로 이끄시는 불보살의 위신력

부처님께서는 또 위제희에게 말씀하셨다.
"그대는 알겠는가. 세 가지의 청정한 행은 과거, 현재, 미래의 삼세 모든 부처님들께서 닦으신 청정한 행의 인연이니라."
부처님께서는 다시 아난과 위제희 부인에게 말씀하셨다.
"그대들은 잘 듣고 깊이 생각하라. 내가 이제 번뇌에 시달려 괴로워할 미래 세상의 모든 중생들을 위하여 청정한 행에 대해 이야기하겠노라. 착하도다 위제희여, 그대는 미래세의 중생들을 위하여 참으로 좋은 질문을 하였구나. 아난아, 그대는 내가 하는 말을 잘 기억하여 널리 많은 사람들에게 전하도록 하라.
나는 이제 위제희 부인과 미래 세상의 모든 사람들이 서방 극락 세계를 볼 수 있게 해주려고 하노라. 그들은 부처님의 위신력에 의지하여 저 청정한 극락 세계를 마치 맑은 거울에 자기 얼굴을 비춰 보는 것과 같이 분명하게 볼 수 있을 것이다. 그리하여 극락 세계의 지극히 미묘한 장엄과 즐거운 일들을 보고 나면, 그들의 마음은 환희에 사무쳐 바로 불생 불멸의 진리를 깨닫는 무생법인을 얻게 될 것이니라."
부처님께서는 다시 위제희 부인에게 말씀하셨다.
"그대는 아직 생사를 깨닫지 못한 범부이니 그 마음이 여리고 얕으며, 천안통을 얻지 못했으니 멀리 볼 수가 없다. 그러나 모든 부처님에게는 특별한 방법이 있으므로 그대에게도 극락 세계를 볼 수 있도록 해 주는 것이다."

佛告韋提希. 汝今知不. 此三種業 過去未來現在 三世諸佛 淨業正因. 佛告阿難及韋提希. 諦聽 諦聽 善思念之. 如來今者 爲未來世一切衆生 爲煩惱賊之所害者 說淸淨業. 善哉韋提希 快問此事. 阿難 汝當受持 廣爲多衆 宣說佛語. 如來今者 敎韋提希 及未來世 一切衆生 觀於西方極樂世界. 以佛力故 當得見彼淸淨國土 如執明鏡 自見面像. 見彼國土. 極妙樂事 心歡喜故 應時卽得 無生法忍. 佛告韋提希. 汝是凡夫 心想羸劣 未得天眼 不能遠觀. 諸佛如來 有異方便 令汝得見.

큰 위신력으로 이 세상에 오신 부처님

중생들의 본래 면목은 부처이기 때문에 스스로 부처임을 깨닫는다면 그대로 성불하게 된다. 그러나 중생들은, "그대 역시 중생이 아니라 본래 부처다"라고 말해 주어도 대개는 부정하고 믿지 않는다.

"고통 때문에 지금 당장 죽을 것 같은데 내가 무슨 부처냐?"
이렇게 생각하기 때문에 부처님께서 큰 위신력을 가지고 이 세상에 오신 것이다.

"모든 부처님께서는 오직 일대사 인연(一大事因緣)으로 세상에 나오신다. 사리불이여, 어찌하여 모든 부처님께서는 오직 일대사 인연으로 세상에 나오신다고 이름하는가? 모든 부처님께서는 중생으로 하여금 부처의 지견(知見)을 열어 청정함을 얻게 하고자 세상에 나오시기 때문이며[開], 중생에게 부처의 지견을 보여 주고자 세상에 나오시며[示], 중생으로 하여금 부처의 지견을 깨닫게 하고자 세상에 나오시며[悟], 중생으로 하여금 부처의 지견의 길에 들어가게 하고자 세상에 나오시기 때문이다[入]."

<법화경> 방편품에 나오는 이 말씀은, 물 한 방울이 비록 지금은 오염되어 있다 해도 본래 모습은 맑은 물이라고 깨우쳐 준다.

완성을 향한 기쁜 삶

부처님께서는 부귀 영화가 다 갖추어져 모든 사람이 부러워하던 최고의 자리, 즉 태자의 지위를 버리셨다. 그리고 티끌만큼의 의심도 없는 단호한 태도로 구도의 길을 닦아 나가셨다. 그리하여 부처님께서는 마침내 가장 행복하고 자유로운 해탈·열반을 성취하셨다.

이런 부처님의 삶을 깊이 생각해 볼 때, 자연스럽게 '부처님께서는 태자의 지위도 가차없이 버리셨는데 내가 무엇인들 못 버리겠는가?' 하는 마음이 우러난다.

사람들은 자신이 지니고 있는 것이라면 아무리 사소한 것이라도 그것을 놓기 싫어서 아등바등하면서 산다. 그렇지만 잠깐만 돌이켜 보면 그것들은 사실 아주 보잘것없는 경우일 때가 많다. 뿐만 아니라, 그것들이 결국에는 자신에게 고통만 안겨 주는 경우가 대부분이다.

이렇게 볼 때 아깝다고 쥐고서 놓지 못할 것은 사실상 없는 것이다. 다만 그것을 알지 못해 부여잡고 괴로워할 뿐이다.

물론 지금껏 누리던 것을 버리고 지금까지 달려가던 그 길을 벗어나 삶을 다시 시작하려 할 때 어려움이 없을 수는 없다. 그러나 그 어려움이라는 것도 부처님의 힘겨운 6년 고행을 돌이켜 보면 별것 아니다.

물론 바른 방향으로 나아가고자 하는 것이라 해도, 삶의 갑작스런 방향 전환에 뒤따르는 어려움은 때로 견디기 힘든 고통일 수 있다. 그렇지만 이것은 새로운 삶으로 나아가기 위한 수행의 고통이다. 이 수행이 아무리 치열하고 고통스럽다 해도 부처님의 뼈를 깎는 6년간의 고행보다 더 고통스러울 수는 없을 것이다. 그것을 인내하고 마침내 성불하신 부처님의 거룩한 삶을 바라보며 우리는 힘을 얻게 된다.

부처님의 6년 고행은 한쪽으로 치우치는 것에 뒤따르는 고통을 보여 주심으로써 중생들에게 중도를 알려 주시기 위한 것이었다. 또한 그것으로 하여 중생들로 하여금 치우침의 고통으로부터 벗어나게 하기 위한 것이었다. 고통 그 자체에 목적이 있었던 것은 결코 아니었다.

부처님의 고행은 중생들의 눈으로 보기에는 고통스럽기만 할 뿐 굳이 택할 필요가 없는 것처럼 여겨진다. 그렇지만 부처님의 깊은 뜻을 헤아리고 나면, 그것이 부처의 길을 걷는 기쁨이었다는 것을 알게 된다. 부처님뿐만 아니라 진정으로 보살심을 내고 보살도를 행하는 사람은 누구나 다 이렇게 기쁜 마음으로 고통을 감내함으로써 중생들로 하여금 고통에서 벗어나도록 이끌어 간다.

그런데도 사람들은 누군가 대비심을 가지고 보살이 되고자 수행하는 것을 보면 고생한다고 생각한다. 또는 좋은 일을 위해 자신을 희생하는 것이라고 여긴다. 그런데 과연 대비심을 발한 보살, 혹은 스스로 그 길에 들어선 사람이 자기가 고생한다는 생각을 가질까? 과연 자신의 삶을 희생한다는 생각을 조금이라도 할까?

만약 추호라도 그런 생각이 있다면 그는 아직은 보살의 길을 가는 사람이 아니다. 권력, 부, 명예 등 종전에 추구하던 물질적 가치를 보살의 삶인 대비적(大悲的) 가치로 바꾼 새 사람은 아니라는 말이다.

부처님께서는 6년 고행도 괴로움이 아니라 기쁨이었다. 중도를 얻음으로써 중생들도 부처가 될 수 있는 길을 보여 주시기 위한 방편으로 행하셨기에, 그 고행은 괴로움이 아닌 곧 중생을 구제하는 기쁨이 되었다. 그런데 소견이 좁은 중생이 보기에, 그 삶이 중생이 추구하는 삶의 형식이나 내용과는 다르게 보이니까 괴로울 것이라고 생각할 뿐이다.

끝없는 탐욕을 채우고자 자꾸만 높은 곳으로 기어올라가는 것이 중생의 삶인데, 부처님께서는 인간의 모든 욕망이 다 채워진 그 높은 곳에서부터 거꾸로 내려오시니 이해가 안 될 수밖에 없다.

주위 사람들 모두가 이렇게 다른 삶의 방식을 택한 사람을 두고 고생하고 희생한다고 딱하게 여길 수 있다. 그러나 그가 진정으로 부처 되는 길로 나아가는 보살도의 의미를 깨달은 사람이라면, 그 스스로는 절대로 자기가 고생한다거나 희생한다는 생각을 가지지 않는다. 그는 자신이 선택한 삶에 언제나 만족하며 괴로움을 스스로 감내하는 보살도를 걷는다. 그러므로 그 삶은 언제나 기쁨에 넘치고 당당하다. 이것이 참된 의미에서의 보살의 삶이다.

욕망의 물결을 거슬러 영원한 행복의 길로

중생들의 삶이란 탐진치의 강물에 빠져 그 거센 물살에 휩쓸려 가는 형국이다. 이 탐진치의 강물에서 살아 나오는 방법은 하나뿐이다. 흘러가는 강물을 거슬러 반대 방향으로 올라가는 것이다. 그런데 그렇게 거슬러올라가는 것은 저항력 때문에 매우 힘든 일이다.

반면에 탐진치의 강물에 빠진 채 정신을 잃고 스스로 떠내려간다는 사실도 모르거나 흐르는 물에 몸을 맡겨 흘러가는 사람은 당장은 편함을 느낄지도 모른다. 그렇지만 그 길의 끝에는 비참한 죽음이 기다리고 있을 뿐이다.

거슬러올라가는 것은 매우 힘든 일이지만 궁극적으로 보아 강물의 거센 물살 속에서 빠져나오는 유일한 길이기 때문에 그것만이 행복을 가져오는 길이라고 할 수 있다.

부처님의 가르침대로 살아가는 것도 그와 같다. 욕망의 거센 물결에 휩쓸려 가는 삶이란 결국 파멸에 닿을 수밖에 없다는 것을 깨닫고 그 흐름의 방향을 바꾸어 나가는 사람에게는, 그것이 비록 크게 힘든 일일지라도 행복한 삶으로 나아가는 거대한 발자국들이 된다. 거슬러올라가는 위대한 용기의 끝에 부처의 세계가 있다.

이러한 길을 걷는 것은 굉장히 어려워 보일 수도 있다. 하지만 사실은 이 길이 더 쉬운 길이다. 이 길은 처음 걷기가 어렵지 걷다 보면 커다란 기쁨과 행복이 뒤따라와 힘이 되어 준다. 그렇기 때문에 오히려 쉬운 길이 되는 것이다. 물이 위에서 아래로 흐르는 것처럼 순조로운 길이다.

흔히들 부처님 가르침대로 사는 것은 어렵다고 한다. 불교가 좋기는 하지만 그에 따라 살아가는 것은 힘들다는 것이다. 이런 사람들은 사실은 불교가 무엇인지 모르는 사람들이다. 이렇게 거슬러올라가는 어려운 삶 속에 쉬운 길이 숨어 있고, 기쁨과 행복이 준비되어 있다는 것을 모르는 것이다. 그러니 이 쉬운 길을 어렵게 느끼는 것이야말로 전도 몽상이다.

이렇게 중생들이 전도 몽상에 끄달려 불행으로 치달을 때, 부처님께서는 이 세상에 오셔서 고통을 벗어나 영원히 자유롭고 행복한 삶과 그 삶으로 나아가는 길을 보여 주신다. 그뿐만 아니라 더 없이 높고 큰 원력으로 끊임없이 중생들을 이끌어 주셔서 중생들로 하여금 고요하고 맑은 자기 마음을 찾고 자기 양심의 깊은 속에 있는 불성이 발현되도록 해주시는데, 이렇게 되면 중생들은 바로 법신불과 교감하게 된다.

중생들이 진실로 과거 삶의 그릇된 가치관을 떨쳐 버리고 새 사람이 되어 업장을 여읜다면 이렇게 부처님과 교감할 수 있고, 부처님의 위신력을 얻을 수 있다.

그대는 아직 생사를 깨닫지 못한 범부이니 그 마음이 여리고 얕으며, 천안통을 얻지 못했으니 멀리 볼 수가 없다.

부처님의 이 말씀은 모든 중생의 현재 모습을 보여 주는 것이다. 본래 부처인데도 수많은 업장에 둘러싸여 부처님의 위신력을 미처 깨닫지 못하고 있는 것이다. 그렇지만 부처님께서는 끝없이 크신 원력으로 온갖 방편을 열어 우리 이 약한 범부로 하여금 마침내 부처 세계에 이르게 하신다. 원력이란 이렇게 끊임없이 우리를 부처 세계로 끌어당기는 부처님의 힘이다.

평소에 부처님의 위신력을 깨닫지 못하고 고통에 빠져 허우적거리다 비로소 정신 차려 기도할 때 마음 깊이에서 전해지는 진실의 소리가 바로 기도에 응답하시는 부처님, 즉 보신불이다. 이렇게 내 마음속 깊은 곳으로부터 대자 대비심을 불러일으켜 주는 것이 기도에 감응해 주시는 것이다. 그러니 어떻게 기뻐하지 않을 수 있으며, 감사하지 않을 수 있겠는가.

한낱 평범한 범부의 몸을 입은 약한 사람으로서 아직도 지혜의 눈을 채 뜨지도 못했는데 크나큰 부처님의 원력에 힘입어 부처님 세계를 보게 된 위제희 부인의 환희심은 말할 수 없이 컸다. 그리하여 위제희 부인은 마침내 기쁜 마음으로 발원을 한다.

대비심으로 완성되는 부처의 길

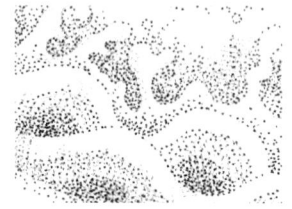

위 제희 부인이 부처님께 말씀드렸다.
"세존이시여, 저는 지금 부처님의 거룩하신 법력에 의지하여 극락 세계를 바라볼 수 있습니다. 그러나 부처님께서 열반에 드신 후에 다른 모든 중생들은 마음이 혼탁하고 삿되어 늘 생로병사의 괴로움과 이별하는 슬픔 등 다섯 가지 고통에 시달릴 것입니다. 그와 같은 중생들은 어떻게 하여야 아미타불의 극락 세계를 볼 수 있겠습니까?"

時韋提希 白佛言. 世尊 如我今者 以佛力故 見彼國土. 若佛滅後 諸衆生等 濁惡不善 五苦所逼. 云何當見 阿彌陀佛 極樂世界.

중생 구원으로 나타나는 깨달음

이윽고 부처 세계를 본 위제희 부인은 그 세계가 이 세상의 어떤 세계보다도 더 좋다는 것을 알게 되었다. 비록 왕이나 왕후의 고귀한 신분으로 살아갈지라도 그 세계에서 사는 것만은 못했다.

부처 세계를 본 위제희 부인은 일체 중생에 대한 대비심을 내어 후세의 사람들 걱정을 한다. 이미 자신은 부처 세계를 보았지만 그것에 그치지 않고 자비심을 내어 다른 사람들도 구원하고자 하는 것, 이것이 진정한 불교이다. 일체 중생이 한몸이라는 것을 깨달았기 때문이다.

어리석고 연약한 한 여인에 불과했던 위제희 부인은 깨달음을 얻고 일체 중생에 대한 대비심을 일으켜 중생 구제의 길을 걷는 보살이 되었다.

그런데, 부처가 되기 위한 삶, 즉 보살의 삶이란 무엇일까?

부처님께서도 무수히 많은 생애 동안 보살행을 몸소 실천하신 끝에 부처를 이루셨다. 그러므로 부처님께서 단지 보리수 나무 아래에서 6년간 고행을 해서 성불하셨다고 생각하는 것은 옳지 않다. 보살행을 실천하며 사셨던 부처님의 전생 이야기가 있다.

보살의 삶을 보여 주는 황금 사슴

부처님께서 전생에 황금 사슴으로 태어나셨을 때의 일이다. 그 황금 사슴이 살던 나라의 왕은 항상 사슴들이 사는 동산에 와서 사냥을 하였다. 왕은 하루도 거르는 일 없이 매일 사슴을 한 마리씩 잡아 죽였다. 그 때마다 서로 죽지 않으려고 우왕좌왕하며 정신 없이 피하다 보니 화살에 맞아 죽는 것은 한 마리뿐인데 서로 치여 죽는 사슴이 열 마리가 넘었다.

그래서 어느 날 사슴들은 한 자리에 모여서 의논을 했다. 그 결과 차례를 정해서 매일 한 마리씩 왕에게 희생당해 주기로 했다. 그러면 서로 부딪쳐 아깝게 목숨을 잃는 일은 없을 것이기 때문에 모두 그 의견에 동의했다.

황금 사슴이 대표로 임금을 찾아가 이렇게 말했다.

"대왕께서 매일 사슴 사냥을 하시는데, 우리가 그 화살을 피하다가 열 마리씩 한꺼번에 죽곤 합니다. 그래서 아예 우리가 차례를 정해 한 마리씩 화살을 맞아 주기로 했습니다. 그러면 대왕도 힘들지 않고 우리도 쓸데없이 죽어 가는 목숨을 아낄 수 있으며, 또한 하루라도 편안하게 살 수 있지 않겠습니까?"

왕은 그럴 듯하다고 여겨 매일 순서대로 한 마리씩 사냥하기로 약속했다. 그런데 어느 날, 마침내 자신이 죽을 차례를 맞은 한 암사슴이 슬피 울고 있는 것을 황금 사슴이 보게 되었다.

황금 사슴이 암사슴에게 우는 까닭을 묻자,

"내가 죽는 것은 슬프지 않지만 지금 내 뱃속에는 아기 사슴이 들어 있습니다. 곧 아기를 낳을 텐데 오늘 내가 죽을 차례가 되었답니다."

암사슴은 이렇게 대답했다.

그날 왕이 사냥을 할 시간이 되었다. 그런데 왕이 사슴 동산에 와서 활시위를 당기는데 제 차례가 아닌 황금 사슴이 나오는 것이 아닌가. 왕은 의아해 하며 그 까닭을 물었다.

아기를 낳아야 하는 암사슴 대신 황금 사슴이 자신의 목숨을 희생하러 나왔다는 것을 알게 된 왕은 황금 사슴의 높은 뜻을 갸륵하게 생각했다.

왕은 이렇게 말했다.

"오늘은 한 마리의 사슴도 잡지 않고 그냥 돌아가겠다."

그래서 황금 사슴은 살아나게 되었다. 그러나 황금 사슴은 자신의 목숨을 건진 것에 만족하지 않았다. 황금 사슴은 이렇게 말했다.

"대왕이시여, 오늘은 아무도 죽지 않았지만 내일 또 다시 누군가가 죽어야 되지 않습니까?"

황금 사슴은 자신의 목숨을 건졌지만 기쁨에 취하지 않았다. 다음날 누군가가 다시 죽어야 한다는 사실이 괴로웠기 때문이었다. 황금 사슴의 말을 들은 왕은 고개를 끄덕이며 앞으로는 사슴 사냥을 하지 않겠다고 약속했다. 그러나 황금 사슴은 다시 이렇게 말했다.

"이제 우리 사슴들은 안심하고 살 수 있게 되었지만, 대왕께서는 우리 사슴들 대신에 저 숲 속에 있는 다른 짐승들을 사냥하실 것 아닙니까?"

그러자 왕은 이렇게 약속했다.

"좋다. 숲 속의 짐승들도 살려 주겠다."

그렇지만 황금 사슴은 또 말했다.

"숲 속의 짐승 대신에 저 날짐승들을 사냥하실 것 아닙니까?"

마침내 왕은 감격하여 이렇게 말했다.

"그렇구나. 훌륭하다, 사슴이여! 앞으로 내 국토의 모든 곳에서 일체 생명을 죽이는 사냥을 금지하도록 하겠다."

대비심으로 완성되는 부처의 길

불교란 이런 것이다. 나만 살았다고 다른 사람은 죽든지 말든지 상관없는 것이 아니다. 일체의 중생들이 고통에서 근본적으로 구원받을 때에야 자신도 궁극적인 평안을 얻는다는 것이 불교의 근본 원리이며 바로 보살의 삶이다.

중생의 삶은 이와 반대이다. 앞에서 본 목련 존자의 어머니 이야기에서 중생의 이기적인 삶이 어떤 것인지 볼 수 있다.

목련 존자의 어머니 앞에 드리운 거미줄에 모든 지옥 중생이 달라붙어서 같이 나가겠다고 했을 때 그녀가,

"거미줄이 끊어질지언정 다른 중생과 같이 가겠다. 혼자서는 절대 구원받지 않겠다."

이렇게 서원했더라면 자신뿐만 아니라 모든 지옥 중생이 구원받을 수 있었을 텐데, 목련 존자의 어머니는 지옥 중생들을 매몰

차게 발로 차 버렸고, 그 결과 거미줄이 끊어져 자신마저도 다시 지옥에 떨어지고 말았다. 바로 이것이 중생의 이기적인 삶이다. 위제희 부인이 이러한 삶에서 벗어나지 못하고, "나는 이제 부처님께 구원을 받았으니 다른 사람이야 어찌 되든 상관없다"라고 했다면 그녀 앞에 펼쳐졌던 극락은 즉시 탐진치의 고통으로 들끓는 지옥으로 바뀌고 말았을 것이다. 위제희 부인이 "나는 부처님 세계에 가지만 후세의 사람들은 어떻게 하느냐?" 하는 대비심을 불러일으켰기 때문에 완전한 부처 세계를 만날 수가 있었던 것이다.

보살행을 실천한다는 것은 이처럼 나와 한몸인 일체 중생을 구원하고자 하는 대비심을 일으킴으로써 나와 남이 동시에 구원받고, 그러므로 부처 세계를 이루어 가는 것이다.

극락 세계에 나기 위한 구체적인 실천법 – 열여섯 가지 관법

- 대비심으로 하나 되는 부처 세계
- 보살행으로 이루어지는 연화좌
- 부처로 가득한 세계
- 아파하는 마음과 열린 마음으로 이루어지는 보살님
- 무량한 중생, 무량한 부처님
- 정토에 나는 사람들

대비심으로 하나 되는 부처 세계

제1절 일상관(日想觀)

지금까지 살펴본 부분이 <관무량수경>의 서분(序分)이다. 엄청난 비극을 만나고 나서 지난날의 어리석은 삶을 참회하고 새 사람으로 태어난 위제희 부인이 부처님의 구원력에 힘입어 마침내 보살심을 일으키는 것을 보여 주는 이 서분(序分)에서 우리는 부처님께서 <관무량수경>을 통해 우리에게 전하고자 하셨던 가르침의 뜻을 이미 다 배운 셈이다.

이 가르침의 깊은 뜻을 도외시한 채 지금부터 말하게 될 본분(本分)의 수행법만 익히려 한다면 수행법의 기술적 측면만 보고 익히는 위험에 빠질 우려가 있다.

부처님께서 아무리 좋은 가르침을 펼쳐 주셨다 해도 그것을 하나의 교설로 듣고만 그친다면 누구도 그 가르침의 본뜻을 이해할 수 없고, 고통을 소멸하고 모두 함께 부처 세계로 나아가고자 하는 우리 삶의 진정한 목표로 나아갈 수 없다.

가르침이 설해진 진정한 까닭을 모른 채 경을 읽으면 결국 부처님의 가르침과 삶은 유리되어 삐걱거리게 된다. 부처님께서 우리에게 경을 설하신 까닭을 잘 살펴서 읽고, 수행법을 통해 그것을 실천해야 한다.

엄청난 고통 속에 빠져 있던 위제희 부인은 마침내 부처 세계를 보고 새 사람이 된 환희심에 가득 찼다. 그리하여 스스로 대비심을 내어, '아, 나는 이렇게 부처님을 뵙고 부처 세계를 볼 수 있지만 부처님께서 안 계신 후세 사람들은 어찌 해야 이 기쁨을 누릴 수 있을 것인가?' 하는 안타까운 마음을 일으키게 된다.

부처님께서는 바로 이 안타까운 마음에 응답하여 부처님을 친견하기 어렵고 부처님 법을 배우기도 어려운 후세 사람들을 위해 구체적인 수행법을 설하시게 된다.

그리하여 부처님께서는 아미타 부처님의 극락 정토를 관하기 위한 열세 가지 방법인 정선(定善) 십삼관(十三觀)을 설하신다.

이 관법은, 순간순간 변하며 업을 짓고 산란스럽게 헤매는 중생들의 마음을 가다듬어 하나에 집중하게 함으로써 맑게 개인 마음 상태를 유지하도록 해주는 것인데, 그러므로 정토의 모습을 볼 수 있게 되는 것이다.

그 열세 가지 방법 가운데 부처님께서 첫번째로 설하신 것이 바로 조용한 마음으로 해가 지는 서쪽 하늘을 관하는 것, 즉 일상관(日想觀)이다.

부처님께서는 위제희 부인에게 말씀하셨다.
"그대와 중생들은 마음을 가다듬고 생각을 한 곳에 집중하여 서쪽을 생각하라. 그리고 이런 생각을 하라. 태어나면서부터 장님이 아니니, 눈이 있는 모든 중생들은 누구나 해가 지는 것을 볼 수 있을 것이다. 서쪽을 향하여 단정히 앉아서 해를 똑똑히 보아라. 마음을 굳게 간직하여 생각을 움직이지 말고, 곧 지려는 해를 마치 서쪽 하늘에 매달린 북처럼 보아라. 이미 해를 보고 난 후에도 눈을 감으나 눈을 뜨나 그 영상이 한결같이 분명히 보이도록 하라. 이것을 일상(日想)이라 하고, 또한 첫째 관이라고 말한다."

佛告韋提希. 汝及衆生 應當專心繫念一處 想於西方. 云何作想. 凡作想者. 一切衆生 自非生盲 有目之徒 皆見日沒. 當起想念 正坐西向 諦觀於日. 令心堅住 專想不移 見日欲沒狀如懸鼓. 旣見日已 閉目開目 皆令明了. 是爲日想 名曰初觀.

허망함을 보고 아상을 깨는 일상관(日想觀) - 참회

마음을 조용히 가다듬고 서쪽 바다, 또는 서쪽 산에 지는 해를 가만히 바라본다고 생각해 보자. 하늘에 떠 있는 해를 보면 눈이 부셔서 제대로 볼 수 없지만 서산에 걸려서 지려고 하는 해는 바로 볼 수 있다. 부처님께서는 그것을 마치 걸어 놓은 북을 보듯이 가만히 응시하라고 하셨다.

그런데, 왜 떠오르는 해가 아니고 지는 해를 보라고 하셨을까? 한낮의 해는 천지를 다 불태울 듯 맹렬하지만, 서산에 지는 해는 그 모든 이글거림을 떨쳐 버리고 붉은 저녁 노을과 더불어 차분히 가라앉는 해이다.

그런 것처럼 젊었을 때는 세상에 겁나는 것이 없고 무엇이든지 내 뜻대로 다 될 것 같았지만, 몸이 늙고 병들면 세상의 모든 집착과 욕망이 참으로 부질없음을 알게 된다는 얘기이다. 사람들은 젊음을 좋아하는데 나이가 들어 인생을 한 번 돌아보면 젊은 시절의 온갖 것에 대한 욕망들이 다 부질없는 것인 줄 알게 된다.

이렇게 자기 인생을 가만히 돌이켜보면 뉘우칠 것이 많다. 뉘우친다고 해서 또 어리석게 마구 슬퍼하고 우는 것이 아니라 '아, 인생이 그런 것이구나' 하고 조용히 깨닫게 된다. 그래서 대부분 늙으면 인생을 느긋하게 본다. 그렇게 돌아보면 부자인 것도 부질없고 가난한 것도 또 나쁠 것 없다. 숨 넘어갈 때 병원에 누워 있으면 아무 차이가 없다. 잘생기면 뭐하고 못생기면 뭐하겠는가? 생각이 이런 식으로 돌아가면 늙음 자체가 아주 큰 행복이다. 늙어서야 비로소 인생을 좀 알게 되는 것이다. 사람들은 자꾸 육신에 매달리기 때문에 젊음을 부러워하는데, 인간의 깊은 정신 세계를 관조하기 시작하면 늙는 것이 오히려 좋은 면도 있다.

칠십 되는 노인은 부모라 하더라도 내버리게 하는 고려장을 하는 나라가 있었다. 그런데 어떤 대신이 자기 아버지를 고려장을 안 하고 숨겨 놓았다. 이 때 나라에 외국 사신이 와서 수수께끼를 내면서 그 답을 모르면 나라를 빼앗겠다고 했는데 누구도 그 답을 알지 못했다. 임금이 고민하는 것을 본 대신이 몰래 숨겨 둔 아버지에게 가서 그 문제를 말하니 아버지가 그 해답을 내놓았다. 그래서 임금에게 가서 얘기했더니 임금이 너무 좋아서 어떻게 알았느냐고 물었다. 대신은 할 수 없이 아버지를 숨겨 둔 것을 얘기했고, 이에 깨달은 바가 있었던 임금은 고려장 제도를 없앴다.

그런데 나이가 들어도 인생에 달관하지 못하고 욕심에 끄달리며 삶에 집착하면 재물에 휘둘리고 아들, 손자에게 매달려 결국에는 자식에게도 짐이 되고 며느리에게도 구박받게 된다. 집착을 놓고 삶의 지혜를 터득하면 고부간의 갈등은 있을 수 없다.

자식 부부가 싸우면 며느리 편보다는 아들 편을 많이 드는데 이것은 어리석은 행동이다. 시집 와서 남편에게 구박받는 것도 서러운데 시어머니까지 아들 편을 들면 며느리는 더 서러워진다. 이럴 때는 며느리 편을 들어야 한다. 어느 한편을 들기가 곤란할 때에는 가만히 앉아 '관세음 보살, 관세음 보살' 염불을 하면 어느결에 싸움 소리가 잦아든다. 할머니가 그렇게 중심을 잡고 있으면 할머니 복이 다 손자에게 간다. 그러면 기저귀 갈아 주는 심부름이나 종노릇은 그만 해도 된다. 자기가 해야 될 어른의 역할이 있기 때문이다. 밥이나 해주고 설거지나 거들어 주고 식모처럼 지내려고 하면 안 된다. 사람이 위축되면 자꾸 그런 것을 하려고 한다. 하지만 그렇게 심부름을 자꾸 해주면 애들 버릇만 나빠지므로 다른 것으로 위엄을 가져야 된다. 그것이 바로 염불하고 정진하는 것이다.

그런데도 대부분의 사람들은 돈 벌어서 몇 푼 물려 주거나 무엇인가를 해주는 데 자꾸 신경을 쓴다. 늙은 사람이 할 수 있는 일 가운데 가장 좋은 것은 염불하고 정진하는 것이다. 가능하면 서울에 살지 말고 시골에 내려가 사는 것이 좋다. 시골에 살면서 채소를 가꿔 무공해 채소를 들고 어쩌다 서울에 올라와서, "이거 엄마가 키운 건데 농약도 안 치고 거름만 줘서 키운 거니까 먹어봐라"라고 하면서 베풀 수 있어야 한다. 또 부모가 늘 아들네 집에 가는 것이 아니라 아들이 찾아오도록 듬직함을 줄 수 있어야 한다.

사람이 머리가 허옇게 되면 중심을 잡고 가만 앉아 있어야 된다. 그래서 찾아오도록 해야지 찾아갈 것이 아니다. 그렇게 하면 집안에 질서가 저절로 잡힌다. 그렇다고 일부러 빨리 늙을 것도 없는 것이, 젊으면 젊은 대로 또 좋은 점이 있기 때문이다. 그러니 인생은 젊어도 좋고 늙어도 좋다. 이 맛을 알아야 수행이 된다.

4월이 되면 잔디밭 밑에서 움이 올라온다. 땅 속에서 수없는 싹이 막 터 오르는데, 싹이 한두 개 위로 올라올 때 가만히 누워 있으면 땅 속에서 아우성치는 소리가 들린다. 만세 부르는 소리, '나가자, 와!' 하면서 땅에서 치고 올라오는 소리를 가만히 들으면 흥

분이 된다.

'아, 이것이 봄의 소리구나!'

내내 억압되었다가 얼음이 녹으면서 땅 속에서 치고 올라오는 그것들은 참 감동스럽다. 그런 소리를 들을 때 봄의 맛을 느낄 수 있다. 하지만 봄뿐만이 아니라 다 자란 뒤에 낙엽지는 모습을 볼 수 있어야 공부가 된다. 봄에 싹이 올라오는 것만 보면 결국은 중생 놀음에 빠지기가 쉽고, 봄에 새싹이 올라오는 모습을 모르고 가을만 생각하고 눈물 젖으면 애늙은이가 되기 쉽다. 봄의 새싹이 자라서 낙엽이 될 것을 훤하게 볼 수 있어야 한다. 그 때 비로소 서방 정토 극락 세계를 향해 출발하는 것이다.

수행 관법의 첫 출발, 집중하라

지는 해를 바라보면 우선 저녁 노을이 참 아름답다는 느낌이 든다. 그렇게 앉아서 해를 뚫어지게 바라보면 처음에는 눈이 부시지만 나중에는 동그란 해에 초점이 뚜렷이 맞추어진다. 이것은 집중력이 생겼다는 얘기이다.

모든 수행의 첫번째 출발은 집중이다. 이 일상관은 마치 방에 동그랗게 해를 하나 그려 놓고 시각을 집중시키는 것과 같다. 그렇게 하면 처음에는 둥근 것도 보이고 옆에 것도 여전히 다 보이지만, 한참 집중하면 그 점만 보이고 나머지는 하나도 안 보일 정도로 집중이 된다.

옛날에 활 쏘는 사람들은 연습을 할 때 솔방울을 하나 걸어 놓고 집중력을 기르곤 했다. 한참 솔방울을 쳐다 보면 솔방울이 점점 커져서 북만큼 크게 보인다. 그 때 활을 쏘면 빗나가는 법이 없다. 작은 솔방울을 향해 쏘는 것이 아니고 북만한 것을 향해 쏘니까 아무렇게나 쏘는 것처럼 보여도 신기하게 맞는다. 이런 얘기에서 볼 수 있듯이 집중이 수행의 출발이다.

해가 지는 모습을 볼 때 정(定)에 들어야 된다. 해가 이글거릴 때의 들뜬 마음을 내려놓고 지는 해의 차분함으로 아주 깊이 집중한다. 낮에 집중하면 들뜬 마음 때문에 집중이 잘 안 된다. 벼가 고개를 숙이듯이 한 번 수그린 마음으로, 인생을 한 바퀴 돌아와 쉬는 마음으로 집중을 한다. 공부를 하려면 일단 마음이 쉬어야 한다. 부글부글 끓던 마음이 모두 쉬어야 그 마음이 힘을 얻는다. 그렇게 쉴 줄 알게 된 마음을 가지고 다시 용맹스럽게 정진해야 한다. 그래야 사물이 제대로 보이기 시작한다.

그런 마음으로 해를 관하는 것이 일상관이다. 그러니까 해를 동그랗게 하나 그려서 벽에 딱 붙여 놓고 일상관을 한 번 해 보자. 저녁 어둠이 깃들 때 해가 지는 것을 생각하면서 모든 것을 놓아 버리고 집중을 해 보는 것, 이것이 수행 관법의 출발이다.

'서쪽 하늘에 지는 해를 관하라. 해를 분명히 관하라. 생각을 움직이지 말라.'

해를 보고 난 후 눈을 감든 뜨든 관계없이 그 영상이 한결같이 분명히 보이도록 하라는 것은 오직 해를 관하는 생각에 집중하라는 얘기이다. 이렇게 분명하게 해를 관한다는 것은 마음에 번뇌가 없이 고요한 상태가 되었다는 뜻이다.

제2절 수상관(水想觀)

다음에는 물을 생각하라. 물이 맑아서 투명함을 생각하여 그 영상이 분명하게 남아 흩어지지 않도록 하라. 물을 보았으면 다음에는 얼음을 생각하라. 그 얼음이 투명하게 비침을 보고 나서 다시 유리를 생각하라. 그리고 이 생각 다음에는 유리로 된 땅의 안팎이 환히 꿰뚫어 비침을 생각하라. 그 밑에는 금강과 칠보로 된 황금의 당번이 유리 같은 대지를 팔방으로 받치고 있다. 또한 그 황금의 당번은 팔모로 이루어지고 그 낱낱의 면마다 백 가지 보배로 꾸며져 있으며, 알알의 보배 구슬에서는 일천 가지 광명이 빛나고, 그 한 줄기의 광명마다 팔만 사천의 빛이 있어 유리의 대지에 비치는 것이 마치 억천의 해와 같이 빛나서 눈이 부시어 볼 수가 없다.

그리고 유리의 땅 위에는 황금의 줄로 얼기설기 칸을 지어 일곱 가지 보석으로 경계가 분명히 구분되어 있다. 그 낱낱의 보배에는 오백 가지의 광명이 빛나는데, 그것은 아름다운 꽃과도 같고 무수한 별이나 달 같기도 하여 허공 중에 찬란한 광명대를 이루고 있다. 그 광명대 위에는 누각이 천만 개나 있는데, 온갖 보배로 이루어져 있다. 광명대의 양쪽에는 각각 백억의 꽃송이로 꾸며진 화려한 당번과 헤아릴 수 없는 악기가 장식되어 있다. 여기에 찬란한 광명에서 저절로 여덟 가지 맑은 바람이 일어나서 무량한 악기를 울리며, 고(苦)·공(空)·무상(無常)·무아(無我)에 대한 가르침을 들려 준다. 이것을 수상(水想)이라고 하고, 둘째 관이라고 말한다.

次作水想. 見水澄淸 亦令明了無分散意. 旣見水已 當起氷想. 見氷映徹 作瑠璃想. 此想成已 見瑠璃地 內外映徹. 下有金剛七寶金幢 擎瑠璃地 其幢八方. 八楞具足 一一方面 百寶所成. 一一寶珠 有千光明. 一一光明 八萬四千色 映瑠璃地 如億千日 不可具見. 瑠璃地上 以黃金繩 雜厠間錯 以七寶界 分齊分明. 一一寶中 有五百色光 其光如華 又似星月 懸處虛空 成光明台. 樓閣千萬 百寶合成. 於台兩邊 各有百億華幢 無量樂器 以爲莊嚴. 八種淸風 從光明出 鼓此樂器 演說苦空無常無我之音. 是爲水想 名第二觀.

비심(悲心)으로 하나되는 대비의 바다

아상이 사라지고 드러난 본래 마음은 네 마음 내 마음 할 것 없이 고요히 흘러내려가 서로 뒤섞이며 하나가 되어 커다란 바다를 이룬다. 이렇게 '하나가 된다'는 것은 구체적으로 무엇을 뜻하는 것일까?

옛날, 우리 나라 사람들은 이웃에게 불행한 일이 생기면 같이 가서 울어 주는 좋은 풍습이 있었다. 이렇게 함께 슬퍼해 주는 마음이 바로 비심(悲心)이다. 이 비심이란 바로 보살의 마음인데, 이

풍습을 보면 비심이란 특별한 사람에게만 있는 것은 아님을 알 수 있다. 슬픔을 같이 나누는 마음은 인지상정으로, 누구나 갖고 있는 마음이다.

누군가의 불행을 보고 비심이 자연스럽게 마음에 떠오르는 그 순간만큼은 어떤 이기심도 설 자리가 없다. 함께 슬퍼해 주는 그 마음으로 사람들의 마음은 일치되며 화합한다. 이렇게 사람들의 작은 비심들이 하나로 화합하여 거대한 바다를 이루고 있는 것이 보살의 대비심이다.

우리의 본래 마음이 모여 있는 곳, 그 곳을 우리는 대비의 바다라고 한다. 이 바다는 슬픔과 고통을 같이 나누려는 마음들이 모여 있는 순수한 바다이다.

부처님 세계는 바로 그 순수한 대비의 바다를 가장 바탕에 깔고 이루어진다. 부처님께서 일상관에 이어 설하시는 관법은 바로 그런 물의 변화를 관하는 수상관(水想觀)이다.

불심으로 이루어지는 불국토

우리의 마음이 모여서 이루어지는 바다, 그 바다의 물이 얼음으로 변한다. 맑은 물이 변해 이루어진 얼음의 모습 역시 티없이 맑을 것이다. 그 티없이 맑은 얼음이 더욱 강하게 굳어진 표면은 마치 유리판처럼 투명하고 깨끗할 것이다.

바로 이 투명하고 깨끗하고 단단함, 이것이 바로 부처님의 땅이다. 즉, 맑은 물이 우리의 본래 면목이자 불심(佛心)이라고 한다면, 그것이 모여서 투명하게 이루어진 유리와도 같은 땅은 불국토라고 할 수 있다.

그러므로 불국토는, 우리의 순수한 본래 마음이 함께 모여 우리가 꿈꾸고 있는 정토 세계의 밑바닥을 형성함으로써 이루어지는 것이지, 우리 마음을 떠나 따로 존재하는 것이 아니다.

모든 것은 변한다 - 무상(無常)

이 수상관을 통해 알 수 있는 변화, 즉 물이 얼음으로 바뀌고 얼음이 투명하고 깨끗한 유리의 모습으로 바뀌는 것은 우리에게 무상(無常)의 도리를 일깨우기도 한다.

보통 무상을 '허무주의적 인생 무상' 따위로 이해하는데, 이것은 크게 잘못된 생각이다. 무상이란, '이 세상에 있는 일체의 모든 현상은 끊임없이 변해 간다'는 객관적 진리를 뜻하는 말로서 변화와 발전 가능성에 대한 희망을 가르치는 개념이다. 그런데도 이 무상을 슬픔으로 오해하는 까닭은 변한다는 것을 그냥 사라지는 것으로 이해하기 때문이다.

얼음을 녹인다고 금방 물이 되지는 않는다. 높은 열을 가해도 한참 동안은 얼음의 모습을 그대로 유지한다. 그렇다고 전혀 변하지 않는 것은 아니다. 눈에 보이지 않아도 얼음의 온도는 조금씩 높아진다. 그러다 어느 순간 보면 얼음은 전부 물로 바뀌어 있다.

그렇다고 얼음이 그냥 사라진 것은 아니다. 다만 물로 변했을 뿐이다.

바다를 생각해 보아도 그렇다. 바다에서는 수없는 파도가 늘 일어났다가 사라졌다 한다. 그렇지만 바다 전체로 보면 단지 물이 올라왔다 내려갔다 하는 것일 뿐 다른 무엇이 생겨나고 사라지는 것은 아니다. 육신의 변화도 이와 마찬가지이다. 육신의 나고 죽음이란 바다의 파도가 출렁거리는 것과 같아서 본질적으로 사라지는 것이 결코 아니다.

일체 만물은 변화한다. 바로 이렇게 변화한다는 사실이 진실이다. 변화가 전제되기 때문에 우리가 현재보다 나은 세계로 나아갈 수 있으며, 마침내 부처 세계에 이를 수 있는 것이다. 그러므로 무상은 발전과 희망의 가르침일 뿐, 결코 허무의 가르침이 아니다.

다가오는 행복의 세계, 미륵 부처님을 맞이하는 삶

우리들이 겪는 모든 고통도 이처럼 본래 고정되어 있는 것이 아니다. 그렇기 때문에 이것을 어떻게 극복해 나가느냐에 따라서 고통은 기쁨과 행복으로 승화될 수 있다.

고통의 극복에 따라 이루어지는 행복의 세계, 그것은 먼 곳에 있지 않다. 그 행복의 세계, 새로운 세계는 바로 우리 눈앞에 다가오고 있다. 그 기쁨의 세계를 우리는 미륵의 세계, 용화 세계라고 한다.

얼음이 물로 변해 가는 과정이 눈에 보이지 않는다 해도 결국 얼음은 언젠가는 물로 변한다. 이렇듯, 우리가 인식하든 그렇지 않든 상관없이 미륵의 세계는 우리에게 다가오고 있다. 그 세계는 고운 양심, 바르게 살아가려는 마음이 환영받고 우러름을 받는 세계이다. 그 세계는 특정한 사람, 즉 깨달은 사람이 이끌어 구제하여 줌으로써 가게 되는 세계가 아니라, 우리들 모두가 스스로 눈을 뜨고 이루어 나가는 것이다.

미륵불은 한꺼번에 92억의 중생을 제도한다고 한다. 그것은 한 사람 한 사람씩 제도해 나가는 것이 아니라 상상할 수도 없을 만큼 많은 숫자의 중생이 한꺼번에 부처 세계로 즉시 나아간다는 것을 의미한다. 그러므로 미륵 부처란 한 개체를 말하는 것이 아니라, 중생이 한꺼번에 모여서 이루어진 부처를 뜻하는 것이다.

우리들이 가지고 있는 본래 마음들을 깨끗하게 닦아 드러낼 때, 우리는 92억 중생이 남김없이 구원받는 미륵 세상을 구현해 나갈 수 있다.

제3절 지상관(地想觀)

이러한 유리땅의 관조가 이루어지면 그 낱낱을 더욱 분명하게 볼 수 있도록 하라. 그래서 눈을 감으나 눈을 뜨나 그 영상이 흩어져 쓰러지지 않도록 하며, 다만 잠잘 때 외에는 항상 이 일을 깊이 생각해야 한다. 이와 같이 생각하면 극락 세계를 대강은 보았다고 할 것이다. 다시 더욱 깊이 관조하여 삼매를 얻으면 극락 세계를 분명히 보게 된다. 그러나 이것은 약설이어서 자세히 설한 것은 아니다. 이것을 지상(地想)이라 하고, 셋째 관이라고 말한다.

부처님께서 다시 아난에게 말씀하셨다.

"아난아, 너는 내 말을 마음에 깊이 간직하였다가 미래 세상의 중생들 중에서 괴로움에서 벗어나고자 하는 사람들을 위해 이 지상관을 설해 주어야 한다. 만약 이와 같이 지상관을 하는 사람이 있으면, 그는 팔십억 겁 동안 생사에 윤회하는 죄업을 소멸하고, 수명이 다할 때는 반드시 극락 세계에 태어날 것이니 의심을 품지 말라. 이와 같이 관상하는 것이 정관(正觀)이며, 달리 관상하는 것은 사관(邪觀)이니라."

此想成時 一 一觀之 極令了了. 閉目開目 不令散失. 唯除睡時 恒憶此事. 如此想者 名爲粗見極樂國地. 若得三昧 見彼國地 了了分明 不可具說. 是爲地想 名第三觀. 佛告阿難. 汝持佛語 爲未來世 一切大衆 欲脫苦者 說是觀地法. 若觀是地者 除八十億劫 生死之罪 捨身他世 必生淨國 心得無疑. 作是觀者 名爲正觀. 若他觀者 名爲邪觀.

이러한 유리 땅의 관조가 이루어지면 낱낱을 더 분명하게 관조하도록 한다. 그래서 눈을 감으나 눈을 뜨나 그 영상이 흩어지지 않도록 해야 하며 다만 잠잘 때 외에는 항상 그 일을 깊이 생각해야 한다. 이와 같이 생각하면 극락 세계의 대강을 보았다고 하겠으나 더욱 깊이 관조하여 마침내 삼매를 얻으면 실제로 저 극락 세계를 분명히 보게 되는 것이다. 이것이 지상관(地想觀)이다.

보살행으로 이루어지는 연화좌

제1절 보수관(寶樹觀)

지금까지 첫째, 태양을 관하고 둘째, 물을 관하고 셋째, 물이 땅이 되는 것을 관했다. 이 땅 위에 해가 떠 있고 강이 있어 맑은 물이 흐르고 갖가지 보배 나무가 자란다. 이번에는 나무 숲을 관하는 것이다.

부처님께서 다시 아난과 위제희 부인에게 말씀하셨다.
"유리 땅에 대한 관조를 한 다음에는 보배 나무를 관조하라. 보배 나무를 관할 때는 일곱 줄로 늘어져 있는 일곱 가지의 보배 나무 하나하나를 관하는 것이다. 그 보배 나무는 나무마다 높이가 팔천 유순이나 되며, 모든 보배 나무는 칠보의 꽃과 잎을 달고 있다. 낱낱의 꽃과 잎은 또 여러 가지 보배의 빛깔로 이루어져 있다. 유리색 가운데에서는 황금 빛이 나고, 수정색 속에서는 붉은 빛이 나고, 마노색 속에서는 자거의 빛이, 자거색 속에서는 푸른 진주의 빛이 난다. 그밖에 산호와 호박 등 온갖 보배도 서로 비추고 또 비추어 그 빛이 그치지 않는다. 보배 나무 위에는 미묘한 진주 그물이 덮여 있고, 그 진주 그물은 나무마다에 일곱 겹으로 둘러 있다. 그 그물 사이에는 오백 억의 아름다운 꽃 궁전이 있어 범천의 궁전과 같다. 그 안에는 천상의 동자들이 자연스럽게 노닐고 있고, 그들은 제각기 오백 개의 마니 보주로 이루어진 영락을 걸고 있다. 그 마니 보주의 광명은 백 유순이나 멀리 비쳐 마치 백억의 해와 달을 한데 모아 놓은 것과 같아서 이루 말할 수 없다. 이와 같이 온갖 보배가 사이사이 섞이어 그 빛깔은 어디에도 비교할 수 없다.

이러한 보배 나무들이 알맞게 줄지어 서 있고, 잎사귀마다 서로 이어져 있으며, 잎새 사이마다 미묘한 꽃이 피고, 그 꽃에는 자연히 일곱 가지 보배 열매가 열려 있다. 그리고 그 낱낱의 나뭇잎은 가로 세로 모두 이십오 유순이나 되며, 그 잎은 천 가지 색깔에 백 가지 무늬가 수놓아져 있어 천상의 영락과 같다. 이러한 아름다운 꽃송이들은 염부단금의 찬란한 금빛으로 빛나며 불바퀴처럼 우아하게 잎 사이를 돌고 있다. 그리고 꽃봉오리에서 온갖 열매가 솟아남이 흡사 무엇이든 원하는 대로 나오는 제석천의 보배 병과 같다.

이러한 모든 눈부신 광명은 그대로 깃발로 변화하여 헤아릴 수 없이 많은 보배 일산이 된다. 그리고 보배 일산 속에는 삼천 대천 세계의 모든 불사가 비치어 나타나고 불국토도 또한 그 안에 나타나 있다. 이와 같이 보배 나무를 관하고 나서, 다시금 차례대로 낱낱이 이를 관하되 보배 나무의 줄기와 가지, 잎, 꽃, 열매 등의 영상을 뚜렷하게 해 두어야 한다. 이것을 수상(樹想)이라 하고, 넷째 관이라 말한다."

佛告阿難及韋提希. 地想成已 次觀寶樹. 觀寶樹者 一一觀之 作七重行樹想. 一一樹高 八千由旬. 其諸寶樹 七寶華葉 無不具足. 一一華葉 作異寶色. 瑠璃色中 出金色光. 玻瓈色中 出紅色光. 碼瑙色中 出硨磲光. 硨磲色中 出綠眞珠光. 珊瑚琥珀一切衆寶 以爲映飾 妙眞珠網 彌覆樹上. 一一樹上 有七重網. 一一網間 有五百億 妙華宮殿 如梵王宮. 諸天童子 自然在中. 一一童子 五百億釋迦毗楞伽摩尼寶 以爲瓔珞. 其摩尼光 照百由旬. 猶如和合 百億日月 不可具名. 衆寶間錯 色中上者. 此諸寶樹 行行相當 葉葉相次 於衆葉間 生諸妙華 華上自然 有七寶果. 一一樹葉 綜廣正等 二十五由旬. 其葉千色 有百種畫 如天瓔珞. 有衆妙華 作閻浮檀金色. 如旋火輪 婉轉葉間. 涌生諸果 如帝釋瓶. 有大光明 化成幢幡 無量寶蓋. 是寶蓋中 映現三千大千世界 一切佛事. 十方佛國 亦於中現. 見此樹已 亦當次第 一一觀之. 觀見樹莖枝葉華果 皆令分明. 是爲樹想 名第四觀.

우리의 본래 마음이 모여 이루어진 땅, 이 불국토에 보배 나무가 솟아난다. 거기에서 나무 하나하나, 줄기 하나하나, 잎사귀 하나하나를 관해 보기도 하고, 그 전체가 모여서 어우러진 숲을 관해 보기도 한다. 우리는 각양각색의 나무와 그 사이로 흐르는 맑은 물을 보며 그 나무가 숨쉬는 대지를 밟는다. 나뭇잎 사이로 태양 빛이 반사되어 비치는 자연 속을 산책한다. 이것이 극락 세계의 풍경이고, 그것을 보는 것이 네 번째 보수관(寶樹觀)이다.

제2절 보지관(寶池觀)

부처님께서는 아난과 위제희 부인에게 말씀하셨다.
"다음에는 보배 연못의 물을 생각하라. 저 극락 세계에는 여덟 가지 공덕을 갖춘 보배 연못의 물이 있는데, 연못의 물마다 일곱 가지 보배로 이루어져 있다. 그 보배는 부드럽고 연하여 구슬의 왕인 여의 보주에서 흘러나왔다. 그리고 그 보배 연못의 물은 나뉘어 열네 갈래가 되는데, 하나하나의 갈래는 일곱 가지 보배 빛을 띠고 황금 개울을 흐른다. 그 개울 밑바닥은 눈부신 금강석이 깔리고 황금의 개울마다 육십억의 일곱 가지 보배 연꽃이 피었는데, 그 연꽃은 둥글고 탐스러워 모두 한결같이 십이 유순이나 된다.
또 마니 보주에서 흘러나온 황금의 물줄기는 연꽃 사이사이로 흐르며 보배 나무를 따라 위아래로 오르내린다. 그 물소리는 지극히 미묘하여 인생의 진리인 괴롭고 공허하고 무상, 무아한 도리에 대해 설한다. 또 모든 부처님의 상호와 공덕을 찬탄하기도 한다.
그리고 그 보배의 왕인 여의 보주에서 미묘한 금색의 광명이 솟아 나와 백 가지 보배 빛깔의 새로 변화하여 노래하는데, 그 소리는 평화롭고 애틋하고 그윽하여 항상 부처님과 불법과 승가를 생각하는 공덕을 찬양한다. 이것을 여덟 가지 공덕이 있는 물의 관상이라 하고, 다섯째 관이라 말한다."

佛告阿難及韋提希. 次當想水. 想水者 極樂國土 有八池水. 一一池水 七寶所成. 其寶柔軟 從如意珠王生 分爲十四支. 一一支 作七寶色 黃金爲渠. 渠下皆以雜色金剛 以爲底沙. 一一水中 有六十億 七寶蓮華. 一一蓮華 團圓正等 十二由旬. 其摩尼水 流注華間 尋樹上下. 其聲微妙 演說苦空無常無我諸波羅蜜. 復有讚歎 諸佛相好者. 如意珠王 涌出金色微妙光明. 其光化爲 百寶色鳥. 和鳴哀雅 常讚念佛念法念僧. 是爲八功德水想 名第五觀.

하나된 생명의 뿌리

이 글을 읽으면 백두산 정경이 생각난다. 백두산은 아주 높이 솟아 있는 산인데, 저녁 해가 백두산에 걸려 있는 모습은 정말 아름답다. 그리고 붉은 해가 질 때 천지의 맑은 물은 마치 그림으로 그려 놓은 것 같고, 그 천지 주위에 있는 붉고 푸른 갖가지 흙 색깔은 마치 보배로 장식해 놓은 것 같다. 헬리콥터를 타고 찍은 사진을 보면 그 산에 나무들이 빽빽이 들어서 있는데 그 광경의 아름다움이란 이루 말할 수가 없다. 그렇게 아름다운 숲 속에 조그마한 연못이 있다. 그것이 소천지인데, 그 소천지를 위에서 내려다보면 큰 숲의 바다 속에 작은 구멍이 뚫려 있는 것같이 보인다. 그 연못의 물은 여러 개의 작은 개울에서 흘러 들어왔다가 다시 흘러 나가는데 그 물들을 보면 참으로 지극하게 맑다.

지금 여기에 다섯 번째로 묘사된 것은 바로 보배로 된 연못이다. 그 연못으로 흘러 들어가는 물, 나뭇잎에서 떨어지는 물, 그 연못에서 다시 개울로 흘러 나가는 물, 그리고 그 연못 주위에 있는 숲 속의 새들이 앉아서 지저귀는 모습, 여치나 베짱이의 노랫소리, 매미의 노랫소리, 갖가지 풀벌레의 노랫소리, 이런 것들이 무엇으로 들리는가?

자기 생각이 옳다고 고집하고 욕심에 휘말려 있으면 우리는 이러한 아름다움 속에 있으면서도 새소리를 듣지 못하고 아름다운 자연의 빛깔을 보지 못한다. 또한 향기로운 숲의 냄새도 맡지 못하고 자연과 인생의 이치를 깨닫기는커녕 괴로움 속에서 세월을 보낸다. 자기 생각에만 사로잡혀 내가 잘했니, 네가 잘했니 하면서 지지고 볶고 싸울 때는 밤하늘 한 번 쳐다볼 시간도 없다. 또, 화단에 핀 꽃을 보고 아름답다고 느낄 시간도 없다.

그런데 우리가 이러한 사로잡힘에서 벗어나거나 자기를 놓아 버리면 길가에 흩어져 있는 작은 조약돌도 아름답게 보이고, 조약돌에 비친 햇빛도 아름답게 보인다. 또, 모래나 그 곁을 흐르는 물소리도 너무나 아름답게 느껴진다. 내 마음이 무수한 집착에 사로잡혀 있으면 이런 아름다움이 하나도 보이지 않는다. 자연의 아름다움도 근원적으로는 내 마음이 만드는 것이다. 내 마음이 집착에 가려 어두워지면 아무것도 보이는 것이 없고 내 마음이 탁해지면 아무것도 비치는 것이 없다. 내 마음이 무거워지면 언제나 짓눌려서 괴롭지만 내 마음이 밝아지면 모든 것이 보인다. 내 마음이 맑아지면 모든 것이 비치고 내 마음이 가벼워지면 우리가 허공을 나는 것처럼 이 세상을 한눈에 내려다볼 수 있게 된다.

우리들은 보배 나무로 이루어진 숲에 있는 연못의 아름다움을 관해야 한다. 우리가 자기 자신을 버리고 자연 그 자체의 아름다움을 관한다면 여기에 이렇게 글로 표현된 것보다 더 많은 아름다움과 깨끗함을 느낄 수 있을 것이다.

제3절 보루관(寶樓觀)

부처님께서 아난과 위제희 부인에게 말씀하셨다.

"온갖 보배로 장엄된 국토의 경계마다 오백 억의 보배로 된 누각이 있으며, 그 누각에서는 헤아릴 수 없이 많은 천상 사람들이 천상 음악을 연주한다. 또 그 악기들은 천상의 보배 깃발처럼 허공에 매달려 저절로 미묘하게 울린다. 그 온갖 음률들은 모두 부처님과 불법, 승가를 생각할 것을 말하고 있다.

이 관상에 도달하면 극락 세계의 보배 나무와 보배 땅과 보배 연못을 대강 보았다고 말하며, 이를 가리켜 극락 세계의 경계를 모두 관하는 총관상(總觀想)이라 하고 여섯째 관이라 말한다.

이 관상을 행하는 사람은 무량억 겁 동안의 무거운 악업을 없애고 수명이 다하면 반드시 저 극락 세계에 태어날 것이다. 이렇게 관하는 것을 정관(正觀)이라고 하고, 달리 관하는 것을 사관(邪觀)이라고 한다."

佛告阿難及韋提希. 衆寶國土 一一界上 有五百億寶樓閣. 其樓閣中 有無量諸天 作天伎樂. 又有樂器 懸處虛空 如天寶幢 不鼓自鳴. 此衆音中 皆說念佛念法念比丘僧. 此想成已 名爲照見極樂世界 寶樹寶地寶池. 是爲總觀想 名第六觀. 若見此者 除無量億劫 極重惡業 命終之後 必生彼國. 作是觀者 名爲正觀. 若他觀者 名爲邪觀.

하나 된 마음에 보이는 부처 세계

지금까지 관한 것은 극락 세계 부처님이나 보살이 아니고 극락 세계의 환경에 지나지 않는다. 이렇게 극락 세계의 환경을 관하는데 제일 처음에 들어가는 관법이 일상관이다. 일상관은 극락 세계를 관하는 것이 아니고 극락 세계를 관해 들어가는 출발점이다.

다시 말하면 플래시를 가지고 아름다운 동굴을 찾아 들어가듯이 하는 것이 바로 일상관이다. 일상관이란 마음을 고요히 해서 정신을 집중하는 것이다. 일상관 다음에 마음을 청정히 하는 수상관을 하면서 비로소 극락 세계에 한 발 한 발 다가서게 된다. 맑은 물이 얼음이 되고, 얼음이 유리가 되고, 유리가 바로 보배의 땅이 되는 것을 볼 때 우리는 이미 극락 세계의 땅을 밟고서 바로 그 땅에 솟아 있는 아름다운 보배 나무를 보게 된다.

우리는 극락 세계에서 아름다운 자연의 숲을 보게 된다. 흐드러지게 피어 있는 꽃과 갖가지 보배로 이루어진 나무들, 그 보배 나무 속에서 지저귀는 새들을 보게 된다. 우리는 그 숲 속에서 또 아름다운 연못을 만나게 된다. 그리고 그 연못가에 있는 정자를 만나는데, 그 정자에 우리가 앉아 있을 때 새 소리, 바람 소리, 물 소리가 들려오고 하늘의 음악이 들려온다. 바로 선녀들이 노니는 모습이다.

여기까지가 극락 세계의 모습이다. 우리는 이렇게 극락 세계의 부처를 보기 위해 하나씩 단계를 밟으며 마음을 안정시키고 극락 세계의 아름다운 자연을 관하게 된다.

이렇게 극락 세계의 아름다운 자연 환경을 관하면 마음은 저절로 편안해지고 고요해지며 기쁨으로 가득 차게 된다.

이 정도까지만 관할 수 있어도 마음이 편안해진다. 심리학에서도 잠이 안 오면 가만히 누워서 바닷가를 관하라고 한다. 미풍이 부는 큰 바다를 관하고, 모래 사장에 사륵사륵 밀려오는 파도의 부드러운 소리를 관하라고 한다. 그 바닷가 흰 모래 사장 옆에 야자수가 아주 한가로이 서 있고 거기에 해가 지면서 바닷물이 발갛게 물드는 것을 고요히 바라보듯이 관할 때 아무리 심한 불면증 환자라도 잠이 저절로 온다. 꿈자리 사납던 사람도 그날 밤은 꿈을 하나도 안 꾸게 된다.

짜증이 날 때 그 짜증에 휩싸이지 말고 편안한 자세로 앉아서 눈을 감고 저 서쪽 하늘을 생각해 보자. 그리고 서쪽 하늘에 해가 지려고 하는 모습을 생각하고 하늘이 붉게 물드는 것을 생각해 보자. 그리고 그 해를 뚫어지게 바라보자. 해가 내 눈에 선명히 비치도록 관하고 그 아래의 맑은 물을 관하자. 그 맑은 물을 관할 때 우리의 마음도 어느덧 고요해져 있음을 알게 된다.

이렇게 관하는 것을 정관(正觀), 즉 바른 관이라고 말한다. 이렇게 일상관으로부터 시작해서 수상관, 지상관, 그 다음에 보수관, 보지관, 보루관으로 나아간다. 이러한 아름다운 세계에서 우리는 이제 부처님을 관하기 시작한다.

경전에는 항상 비유가 많이 등장한다. 온갖 진기한 보석 열매가 달린 보배 나무가 수없이 서 있는 극락 세계에는 유리 기둥과 보석으로 된 정자가 있고, 그 정자 끝에 매달린 풍경이 땡그랑거리며 소리를 낸다.

그 풍경 소리는 흡사 이렇게 말하고 있는 듯이 들린다.

'부처님께 귀의하라, 법에 귀의하라, 스님들께 귀의하라.'

이 보배 나무 숲 속 높이 솟은 정자 위에 앉아 세계를 다시 한 번 굽어 보는 것이 보루관(寶樓觀), 즉 총상관(總想觀)이다.

보통 우리가 '나는 독립된 존재이다'라고 아상을 짓는 것은 자신과 주변의 일부만 보기 때문이다. 한 마디로 말해 시야가 좁은 것이다. 그러나 높은 누각에 올라 발 아래를 굽어 보면 세상이 지금까지 자신이 보아 왔던 것과는 확연하게 다른 모습으로 존재한다는 것을 느끼게 된다. 나무와 물과 땅, 그리고 너와 내가 어우러져 거대한 세상을 함께 이루고 있음을 알게 되기 때문이다.

이처럼 우주의 모든 생명을 동시에 보게 되면 연기의 실상을 확연히 깨닫게 된다. 그리하여 모두가 하나의 몸이요, 하나의 마음으로 이어져 있다는 것을 여실히 알게 된다.

부처로 가득한 세계

제1절 회좌관(華座觀)

부처님께서는 다시 아난과 위제희 부인에게 말씀하셨다.
"그대들은 자세히 듣고 이를 깊이 명심하라. 나는 그대들을 위하여 고뇌를 없애는 법을 분별하여 해설하리라. 그대들은 이것을 기억하고 잘 풀이하여 널리 여러 사람들을 위해 설명해 주어야 한다."
이와 같이 말씀하실 때 어느 새 아미타불이 허공 중에 서 계셨고, 관세음 보살과 대세지 보살이 좌우에 서 있었다. 그 광명은 눈부시게 빛나서 바라볼 수 없었으며, 백천의 염부단금을 합한 찬란한 금빛도 이와 비교할 수 없었다. 그 때 위제희 부인은 아미타불을 보고 그 발 아래 공손히 큰절을 하고 나서 부처님께 여쭈었다.

"세존이시여, 저는 지금 부처님의 위신력에 의지하여 아미타불과 두 분의 보살님을 친견할 수 있었습니다. 그러나 부처님께서 열반에 드신 뒤에 미래 세상의 중생들은 어떻게 하여야 아미타불과 두 분의 보살님을 볼 수 있겠습니까?"
부처님께서 위제희 부인에게 말씀하셨다.
"저 아미타 부처님을 뵙고자 하면 마땅히 다음과 같은 생각을 일으켜야 한다. 먼저 칠보로 된 땅 위에 피어 있는 연꽃을 생각하라. 그리고 그 연꽃의 꽃잎마다 백 가지 보배의 빛깔이 있고, 그 꽃잎에는 팔만 사천 줄의 잎맥이 있어 천상의 그림같이 아름다우며, 그 잎맥에는 또한 팔만 사천의 광명이 빛나고 있음을 분명하게 보도록 해야 한다. 작은 꽃잎이라도 길이와 넓이가 이백 오십 유순이나 되는데, 한 연꽃에는 팔만 사천의 꽃잎이 있고, 꽃잎 사이마다 백억 개의 마니 보주로 장식되어 있다. 낱낱의 마니 보주는 또한 일천의 광명을 발하여 일산과 같으며, 칠보로 만들어져 두루 땅 위를 덮고 있다.
그리고 마니 보주로 이루어진 연화대는 팔만의 금강석과 견숙가보와 범마니보와 묘진주의 그물로 장엄되어 있다. 그 연화대 위에는 자연히 네 개의 보배 당번이 있고, 그 하나하나가 백천만억 개의 수미산과 같다. 그리고 그 당번 위의 보배 휘장은 야마천의 궁전과 같으며, 오백억 개의 미묘한 보배 구슬로 찬란하게 꾸며져 있다.
그리고 그 보배 구슬마다 팔만 사천의 광명이 빛나고, 그 낱낱의 광명은 또한 팔만 사천의 색다른 금색을 이루고 있다. 이러한 헤아릴 수 없는 찬란한 금색 광명이 보배 땅 위에 두루 펼쳐져 있다. 그리고 그 광명은 곳곳마다 변화하여 가지가지의 다른 모습을 나타내고 있다.

어떤 것은 금강대가 되고, 어떤 것은 진주의 그물이 되고, 어떤 것은 여러 가지 꽃구름이 되기도 하여 온갖 방면에서 마음대로 변화하여 불사를 이루고 있다. 이것을 연화대를 관하는 화좌관이라 하고 일곱째 관이라고 말한다."

부처님께서는 다시 아난에게 말씀하셨다.

"아난아, 이와 같은 미묘한 꽃은 본시 아미타 부처님께서 법장 비구였을 때 세운 서원의 힘으로 이루어진 것이다. 만약 아미타 부처님을 생각하고자 하면 먼저 이 연화대를 생각해야 한다. 이 연화대를 생각할 때는 다른 번잡한 관을 하지 말고 하나하나의 꽃잎, 알알의 구슬, 낱낱의 광명, 하나하나의 꽃받침, 낱낱의 당번 등을 생각하여 거울 속의 자신의 얼굴을 보듯이 그 영상을 분명히 해야 한다.

이러한 생각이 이루어진 사람은 오만억 겁 동안 생사 윤회하는 죄업을 없애고 반드시 극락 세계에 태어날 것이다. 이와 같이 관하는 것을 정관(正觀)이라 하고, 달리 관하는 것을 사관(邪觀)이라고 한다."

佛告阿難及韋提希. 諦聽 諦聽 善思念之. 佛當爲汝 分別解說 除苦惱法. 汝等憶持 廣爲大衆 分別解說. 說是語時 無量壽佛 住立空中 觀世音大勢至 是二大士 侍立左右. 光明熾盛 不可具見. 百千閻浮檀金色 不得爲比. 時韋提希 見無量壽佛已 接足作禮 白佛言. 世尊 我今因佛力故 得見無量壽佛及二菩薩. 未來衆生 當云何觀無量壽佛及二菩薩. 佛告韋提希. 欲觀彼佛者 當起想念 於七寶地上 作蓮華想. 令其蓮華一 一葉 作百寶色 有八萬四千脈 猶如天畫. 脈有八萬四千光 了了分明 皆令得見. 華葉小者 縱廣二百五十由旬. 如是蓮華 有

八萬四千大葉. 一一葉間 各有百億摩尼珠王 以爲映飾. 一一摩尼 放千光明 其光如蓋 七寶合成 徧覆地上. 釋迦毗楞伽寶 以爲其臺. 此蓮華臺 八萬金剛 甄叔迦寶 梵摩尼寶 妙眞珠網 以爲交飾. 於其臺 上 自然而有 四住寶幔. 一一寶幢 如百千萬億須彌山. 幢上寶縵 如 夜摩天宮 有五百億微妙寶珠 以爲映飾. 一一寶珠 有八萬四千光. 一一光 作八萬四千 異種金色. 一一金色 徧其寶土. 處處變化 各作 異相. 或爲金剛臺 或作眞珠網 或作雜華雲 於十方面 隨意變現 施作 佛事. 是爲華座想 名第七觀. 佛告阿難. 如此妙華 是本法藏比丘 願 力所成. 若欲念彼佛者 當先作此華座想. 作此想時 不得雜觀 皆應一 一觀之 一一葉 一一珠 一一光 一一臺 一一幢 皆令分明 如於 鏡中 自見畵像. 此想成者 滅除五萬億劫生死之罪 必定當生 極樂世 界. 作是觀者 名爲正觀. 若他觀者 名爲邪觀.

팔만 사천 번뇌가 팔만 사천 보리의 연꽃으로

연꽃은 진흙탕 속에서 솟아나 피어나는 맑은 꽃이다. 서로 다투고 경쟁하는 우리들이 하나 된 마음으로 서로가 서로를 돕는 마음을 가지게 될 때, 중생계라는 이 진흙투성이의 땅에서 맑은 연꽃이 홀연히 피어나게 된다.

중생들의 번뇌를 통틀어 팔만 사천 번뇌라고 한다. 이토록 많은 번뇌를 갖고 있는 것이 중생들이지만 한 번만 마음을 돌이키면 이 팔만 사천 번뇌심이 전부 그대로 보리로 바뀌게 된다. 부처님께서 앉아 계신 연화대의 팔만 사천 연꽃잎은 이렇게 이루어진다.

이런 연꽃은 저절로 피어나는 것이 아니다. 중생들이 제각기 대비심을 내어 보살도를 행하면서 서로를 돕는 맑은 마음을 가지기 위해 노력할 때 비로소 환한 연꽃이 피어 나고, 그 위에 부처님께서는 올라앉아 미소짓게 된다.

석가모니 부처님께서도 이러한 보살행을 무수히 닦음으로써 성불이라는 연꽃을 피울 수 있었던 것이다. 석가모니 부처님께서 전생에 보살행을 실천하셨던 일화를 하나 더 들어 보자.

한 보살이 깊은 선정에 들어 있을 때 비둘기 한 마리가 날아와서 매가 쫓아온다며 살려 달라고 애원하였다. 보살은 비둘기를 품속에 숨겨 주었다. 잠시 후 매 한 마리가 날아와서 숨겨 놓은 비둘기를 내놓으라고 보살에게 요구했다. 그렇지만 보살은 아까운 생명을 죽여서는 안 된다고 하면서 비둘기를 내놓지 않았다.

그러자 매는 항의했다.

"나는 오랫동안 사냥을 하지 못해 굶주려 왔다. 이 비둘기를 먹지 않으면 굶어 죽을 수밖에 없다. 비둘기 목숨만 중요하고 내 목숨은 중요하지 않다는 말이냐?"

그 말을 듣고 고민하던 보살은 두 생명을 모두 구하기 위해서 비둘기의 몸무게만큼 자신의 살점을 매에게 떼어 주기로 했다.

보살은 저울의 한쪽에는 비둘기를 얹고, 다른 한쪽에는 자신의 허벅지에서 도려 낸 살점을 얹었다.

그런데 이상한 일이었다. 보살이 자신의 허벅지 살을 도려 내어

156 | 관무량수경 이야기

없고 또 얹었지만 여전히 비둘기가 더 무거운 것이었다. 보살은 마침내 자신의 온몸을 통째로 얹어 놓았고 그제서야 저울은 균형이 잡혔다. 그런데 놀랍게도 보살이 자신의 온몸을 저울에 올려놓는 순간, 도려 내고 잘라 냈던 보살의 몸이 원래대로 돌아와 거룩한 빛을 내었다.

이 보살이 바로 후일의 석가모니 부처님이었다.

자기 희생과 생명 존중으로 이루어지는 보살행

남을 위해 스스로 고통을 당하는 것, 이것이 진정한 보살행이다. 그런데 우리는 그렇게 하지 못한다. 남을 사랑한다고, 남을 위해 살고 싶다고 말하면서도 자기 것은 조금도 내놓지 않고 남의 것으로 대신 생색을 내거나 자신에게 필요 없어 남는 것으로 남을 돕는 척하는 사람들이 많다. 그것조차도 아까운 마음을 지닌 채 거드름을 피우며 준다.

그렇지만 보살행은 이와는 확실히 다르다. 물질적인 것은 물론, 몸과 마음까지도 내주기에 주저함이 없다. 석가모니 부처님의 전생 이야기에서 볼 수 있듯이 심지어는 살을 도려 내는 것과 같은 자기 희생까지도 마다하지 않는다. 우리는 이 이야기를 통해 보살의 삶에 있어서 자기 희생이 어떤 것인지 깨달을 수 있다. 덧붙여 모든 생명은 똑같이 소중하다는 것을 알게 된다.

비둘기의 몸무게보다 훨씬 많은 살점을 떼어 내어 저울에 올려

놓고 나중에는 팔다리까지 떼어 올려 놓았어도 저울이 여전히 비둘기 쪽으로 기울어 있었던 것은, 생명의 가치에는 전혀 차이가 없음을 보여 준다. 거룩한 보살의 몸 전체가 얹혔을 때 비로소 균형을 이룬 저울은 보살의 가치와 비둘기라는 미물의 가치가 똑같다는 것을 알려 준다. 그것이 바로 생명의 무게인 것이다.

비둘기 한 마리의 목숨이 보살의 목숨과 맞먹을 때, 사람의 생명 역시 그처럼 고귀한 것이다. 그 귀한 생명을 지닌 사람이 다른 사람에게 희생당하거나 억눌리는 일은 있어서는 안 된다. 가난하고 불우한 사람들이라고 해서 권력 있고 부유한 사람에 의해 하찮게 취급되어서는 안 되는 것이다.

이렇게 모든 생명의 가치는 동등하므로 어느 하나 소홀히 취급해서는 안 된다는 사실을 부처님께서는 자신의 희생을 통해 가르쳐 주셨다.

이것을 깨달은 바탕 위에서 자기 희생을 통해 다른 이들의 고통을 구원하는 것, 이것이 바로 보살행이다. 이러한 보살행이 수없이 모여 부처가 되기 위한 좌대(座臺)를 이루어 간다. 이 좌대를 연꽃으로 비유해, 이것의 의미를 관(觀)하는 것이 화좌관(華座觀)이다.

결국 부처라는 이름의 연꽃은 오탁 악세의 이 세상에서 중생들이 끊임없이 보살행을 쌓아 나감으로써 피워 가는 셈이다.

제2절 상관(像觀)

한 중생의 큰 서원과
수많은 보살행으로 이루어진 극락 세계

극락 세계 교주이신 아미타 부처님도 우리와 똑같은 중생으로 태어나기를 여러 생 동안 거듭하면서 보살행을 쌓아 마침내 부처가 되고 불국토를 세우셨다. 이 아미타 부처님께서 전생에 법장 비구로 수행하며 살아가실 때의 일이다. 하루는 법장 비구가 일체 중생들의 고통을 자신의 아픔으로 크게 느끼게 되었다. 그리하여 그는 중생들이 고통을 겪지 않고 편안하게 살 수 있는 세계를 만들어 주시기를 부처님께 간청했다.

그 청을 들으신 부처님께서는 진실로 그런 세계를 원한다면 법장 비구 스스로 그런 세계를 만들어 보라고 하셨다. 법장 비구는 뜻밖의 말씀에 놀라 이렇게 여쭈었다.

"한낱 수행자에 불과한 제가 무슨 힘이 있어서 그 세계를 만들 수 있겠습니까?"

이 때 부처님께서 법장 비구에게 이르셨다.

"네 자신이 간절한 원을 세울 때 그 힘은 저절로 생겨나는 것이니, 그 원력으로 부처 세계를 이루라."

이윽고 부처님께서는 신통력으로 이 우주의 갖가지 세계를 두루 펼쳐 보여 주셨다. 법장 비구는 그것을 보고 그 가운데 가장 행복하다고 여겨지는 삶의 조건을 48가지로 정리하고 그것이 갖추어진 이상 세계를 원력으로써 이루어 냈다. 마침내 모든 중생을 고통으로부터 구제하겠노라는 큰 원을 성취했던 것이다.

한 사람의 비구가 세운 원의 힘이 이렇게 큰데, 수십만 명의 사람들이 한꺼번에 서원하여 이상 세계를 이 땅에 이루고자 한다면 그 힘은 얼마나 크겠는가? 아마도 발원하는 즉시 이상 세계는 눈앞에 펼쳐지게 될 것이다.

그런데, 법장 비구의 본원 가운데에는 중생들이 죽기 직전에 지극 정성으로 '나무 아미타불'을 열 번만 부르면 바로 아미타 정토에 태어나게끔 하는 서원이 있다. 이 말을 곧이곧대로 들으면 아무나 극락에 갈 수 있다는 말처럼 해석할 수도 있다. 그리하여 현생의 삶을 그럭저럭 살아도 된다는 말처럼 생각하기 쉽다. 하지만 이 말에는 깊은 의미가 내포되어 있다.

죽기 직전의 혼미한 정신 상태에서 지극 정성으로 '나무 아미타불'을 열 번 부른다는 것은 절대로 쉬운 일이 아니다. 평소부터 그 마음을 깊이 간직한 상태가 아니면 열 번이 아니라 한 번도 어렵다. 또한 지극 정성이라는 것도 말처럼 그렇게 쉬운 것이 아니다. 진실로 부처 세계에 나겠다는 서원이 간절할 때 정성이 가득한 마음이 생겨나게 된다.

결국 죽기 직전이 아니라, 삶을 살아가는 그 무수한 시간 속에서 항상 그 마음에 부처님의 모습을 그리며 그 세계에 나서 청정하게 살겠다는 원을 강하게 세웠을 때 지극 정성으로 아미타불을

한 중생의 큰 서원과
수많은 보살행으로 이루어진
극락 세계

염할 수 있는 것이며, 그래야만 아미타 정토에 발을 들여놓을 수 있는 것이라는 이야기이다. 바로 이렇게 간절한 마음으로 부처님의 모습을 마음 깊이 생각하는 것이 여덟 번째의 관법인 상관(像觀)이다.

부처님께서 아난과 위제희 부인에게 말씀하셨다.
"이미 연화대를 관하였으면 다음에는 부처님을 생각하라. 모든 부처님은 바로 온 세계인 법계를 몸으로 하는 것이니 일체 중생의 마음속에 들어 계시기 때문이다. 그러므로 그대들의 마음에 부처님을 생각하면 그 마음이 바로 부처님의 32상과 80수형호인 것이다. 모든 부처님의 위없는 바른 지혜는 마음에서 생기는 것이니 마땅히 일심으로 생각을 골똘히 하여 아미타불과 그 지혜 공덕인 여래, 응공, 정변지를 깊이 관조해야 한다.
아미타불을 생각하고자 하는 사람은 먼저 부처님의 형상을 생각해야 한다. 눈을 뜨거나 감거나 마음을 한결같이 하여 염부단금의 자마금색과 같이 찬란한 하나의 부처님 형상이 저 연꽃 위에 앉아 있는 모습을 관조해야 한다.
그리고 이와 같은 부처님의 형상을 보고 나면 마음의 눈이 열려서 극락 세계의 칠보로 장엄된 보배 땅과 보배 연못과 줄지어 서 있는 보배 나무, 그리고 그 위를 덮고 있는 천상의 보배 휘장과 또한 온갖 보배로 새겨진 보배 그물이 허공에 가득함을 분명하게 본다. 그리고 이러한 영상을 자기 손바닥을 보듯이 더 분명하게 관조해야 한다.
이렇게 보고 난 다음에는 다시 한 송이의 커다란 연꽃이 부처님의 왼쪽에 있는 것을 생각하라. 그것은 부처님 상의 연꽃과 같아서 조금도 다르지 않다. 또 그와 똑같은 연꽃이 또 한 송이 부처님의 오른쪽에 있는 것을 생각하라. 그리고 관세음 보살이 왼쪽 연꽃 위에 앉아 있고 대세지 보살이 오른쪽 연꽃 위에 앉아 있는데, 그 금색 광명은 한결같이 부처님의 상과 같음을 생각하라.

이러한 생각이 이루어지면 부처님 상과 두 보살 상은 모두 아름다운 빛을 낸다. 그 빛은 금색으로 여러 보배 나무를 비춘다. 그리고 그 낱낱의 보배 나무 밑에는 세 송이의 큰 연꽃이 있고, 이 연꽃 위에는 각각 부처님과 두 보살이 있어 극락 세계에 두루 가득하다.

이 생각이 성취되었을 때, 수행자는 극락 세계의 흐르는 물과 광명, 모든 보배 나무, 기러기, 원앙새 등이 모두 미묘한 법문을 설하고 있음을 알아듣게 될 것이다.

그래서 선정에 들 때나 선정에서 나올 때나 항상 미묘한 법문을 들을 것이니, 수행자는 선정에서 나왔을 때 들은 바를 잘 기억하였다가 선정에서 나온 뒤에 경전의 가르침과 맞추어 보도록 해야 한다. 만일 경전과 맞지 않으면 이를 망상이라 하고, 경전과 합당하면 생각으로 극락 세계를 보는 것이 된다.

이와 같이 부처님과 보살의 형상을 생각하고 관조함을 상관이라 하고, 또한 여덟째 관이라고 한다. 그리고 이러한 관조를 하는 사람은 무량억 겁 동안 생사에 헤매는 악업을 없애고 현재의 몸으로 염불 삼매를 얻게 될 것이다."

佛告阿難及韋提希. 見此事已 此當想佛. 所以者何. 諸佛如來 是法

界身 入一切衆生心想中. 是故汝等 心想佛時 是心卽時 三十二相 八十隨形好. 是心作佛 是心是佛. 諸佛正遍知海 從心想生. 是故應當 一心繫念 諦觀彼佛 多陀阿伽度 阿羅訶 三藐三佛陀. 想彼佛者 先當想像. 閉目開目 見一寶像 如閻浮檀金色 坐彼華上. 見像坐已 心眼得開 了了分明 見極樂國 七寶莊嚴 寶地寶池 寶樹行列 諸天寶幔 彌覆其上 衆寶羅網 滿虛空中. 見如此事 極令明了 如觀掌中. 見此事已 復當更作 一大蓮華 在佛左邊. 如前蓮華 等無有異. 復作一大蓮華 在佛右邊. 想一觀世音菩薩像 坐左華座 亦放金光 如前無異. 想一大勢至菩薩像 坐右華座. 此想成時 佛菩薩像 皆放光明. 其光金色 照諸寶樹. 一一樹下 復有三蓮華. 諸蓮華上 各有一佛二菩薩像 遍滿彼國. 此想成時 行者當聞 水流光明 及諸寶樹 鳧雁鴛鴦 皆說妙法. 出定入定 恒聞妙法. 行者所聞 出定之時 憶持不捨 令與修多羅合. 若不合者 名爲妄想. 若與合者 名爲麤想 見極樂世界. 是爲像想 名第八觀. 作是觀者 除無量億劫 生死之罪 於現身中 得念佛三昧.

우리가 끊임없이 부처 세계를 이루고자 하는 원력을 지닐 때, 모든 부처님들은 우리 마음의 빛으로 오셔서 모든 미망을 없애고 구원의 길을 열어 주신다.

평소에는 업장에 가려서 그 모습을 볼 수 없다 해도 우리가 마음을 가라앉히고 순수한 본래 마음의 흐름을 되찾게 될 때, 이 마음속에서 그대로 아미타 부처님을 만나게 된다.

그렇다면 과연 부처를 생각하는 마음이란 어떤 마음일까? 바로 부처의 마음을 내 마음처럼 고스란히 느껴 보는 것이 부처를 생각하는 마음이다. 부처의 마음은 온통 고통받는 이웃에 대한 '비심(悲心)'으로 가득 차 있다. 결국 부처의 마음을 있는 그대로 느껴 본다는 것은, 바로 이 비심을 느껴 보는 것과 같다. 이 비심을 느낌으로써 이상에서 벗어나 진실로 모든 사람들의 고통을 나의 아픔으로 느끼는 부처의 마음을 가지게 된다. 모든 사람들이 이러한 마음을 가지고 있을 때 우리는 우리의 이상 세계, 즉 극락 정토로 나아가게 된다.

제3절 진신관(眞身觀)

부처로 가득 찬 세계

우리는 부처를 끊임없이 생각하고 부처의 마음을 가짐으로써 지혜의 눈을 뜨고 불보살로 가득한 극락 정토의 참모습을 보게 된다. 여기서 불보살이란 무엇을 뜻하는 것일까? 그것은 바로 나와 내 이웃, 곧 세상 모든 중생들의 순수한 마음, 본래 부처를 되찾은 모습이다.

부처님께서 다시 아난과 위제희 부인에게 말씀하셨다.
"이러한 생각이 이루어지면 다음에는 아미타불의 몸과 그 광명을 관하라.

佛告阿難及韋提希. 此想成已 次當更觀無量壽佛身相光明.

이제 주변을 관하는 데서 나아가 아미타 부처님을 관하는 단계로 나아가게 된다. 아미타 부처님의 한 부분 한 부분을 세밀히 관하는 것이다.

아난아, 잘 알아 두어라. 아미타불의 몸은 백천만억 야마천의 염부단금색과 같이 빛나고, 부처님의 키는 60만억 나유타 항하사 유순이다. 그리고 미간의 백호는 오른쪽으로 우아하게 돌고 있는데, 다섯 개의 수미산을 합한 것과 같고, 부처님의 눈은 사대 바닷물처럼 그윽하여 푸르고 흰 동자가 뚜렷이 나누어져 있다.

阿難 當知. 無量壽佛身 如百千萬億夜摩天閻浮檀金色. 佛身高 六十萬億那由陀恒河沙由旬. 眉間白毫 右旋宛轉 如五須彌山. 佛眼 如四大海水 靑白分明.

아미타 부처님의 몸이 빛난다고 했는데, 오늘날 과학을 통해 밝혀진 바에 따르면 사람들은 모두 다 빛을 지니고 있다고 한다. 단지 눈에 보이지 않을 뿐, 적외선으로 보면 모든 사람의 주위에 환한 광명이 있다는 것이다. 사람이 한 자리에 오래 앉아 있다가 몸을 옮긴 뒤에 그 자리를 적외선 카메라로 찍으면 사람 형상을 한 광명의 흔적이 남아 카메라에 찍힌다고 한다. 이미 과학으로 증명된 것으로서 절대 엉터리 얘기가 아니다. 이러한 광명이 우리 몸으로부터 나오는데, 밤에는 사람도 눈에 불을 켠다는 말이 있고, 동물도 눈에서 빛이 나오는 것을 종종 볼 수 있다. 눈만 그런 것이 아니라 우리 몸 전체에서 빛이 나온다.

몸의 모든 모공에서는 수미산과 같은 큰 광명이 흘러나오고, 부처님의 원광은 백억 삼천 대천 세계와 같다. 그 원광 속에는 백만억 나유타 항하사의 화신불이 있고 그 화신불마다 헤아릴 수 없이 많은 화신보살들이 모시고 있다.

身諸毛孔 演出光明 如須彌山. 彼佛圓光 如百億三千大千世界. 於圓光中 有百萬億那由陀恒河沙化佛. ——化佛 亦有衆多無數化菩薩 以爲侍者.

부처님의 모공은 몇 개나 될까? 우리 몸에는 털구멍이 엄청나게 많다. 그 털구멍마다 전부 광명이 나오는데 그 광명 마다마다 화신불이 계신다고 되어 있다. 그 화신불 한 분 한 분마다 또 수많은 털구멍이 있을 것이다. 그 털구멍 마다마다 또 광명이 나오고 그 광명 마다마다 또 화신불이 계신다.

이것이 연기법이다. 이 세계라는 것은 수도 없이 서로 연관되어 있다. 이런 방법으로 점점 깊이 관하면 몸만 관해지는 것이 아니다.

예를 들면 우리들이 입고 있는 옷을 보면 그냥 옷일 뿐 아무것도 아닌 것 같다. 하지만 가만히 그 옷을 들여다보고 또 더 깊이 들여다보면 그 옷 속에서 우리는 태양 빛도 볼 수 있고 구름도 볼 수 있고 물도 볼 수 있다. 나무도 볼 수 있고 풀도 볼 수 있고 돌도 볼 수 있다. 그런 것들이 결합해서 옷이 된 것이다. 그 다음에 거기에서 더 들여다보면 그 옷 속에 숨어 있는 수많은 사람들의 노고를 볼 수 있게 된다. 한 올의 실 속에는 수도 없이 많은 사람들의 노고가 쌓여 있다. 그것을 보게 되는 것같이 연기법을 보는 것이다.

이 세계에서는 어떤 것도 홀로 존재할 수 없다. 존재한다는 것은 이미 은혜 속에서 존재하는 것이다. 존재란 모두 커다란 그물 속의 한 그물코인 것이다. 마치 우리 몸에 있는 세포가 자기 혼자 존재할 수 없고 10조 개의 세포 가운데 하나로 존재하는 것과 같다. 이것이 존재의 본질이다.

존재 하나하나를 깊이 관찰하면 독립되어 있는 것이 결코 아니다.

부처님 한 분을 안으로 들여다보면 그것은 수도 없는 부처님들의 결합으로 이루어져 있고, 부처님 한 분을 또 멀리 놓고 보면 부처님 주위의 또 다른 부처님들과 수도 없이 결합해 있다. 그러한 자연 현상, 다시 말하면 존재의 본질을 지금 바라보는 것이다. 이것을 두고 부처님을 본다고 말하는데, 부처님을 본다는 것은 법의 실상을 보는 것이다. 법의 실상은 곧 연기를 말하는 것으로, 연기를 보는 자가 곧 부처를 보는 자이다.

그리고 아미타불에게는 팔만 사천 가지의 상이 있고, 그 하나하나의 상에는 각각 팔만 사천의 수형호가 있으며, 그 낱낱의 수형호마다 또 팔만 사천의 광명이 있다. 그리고 그 광명은 두루 시방 세계를 비추어서 부처님을 생각하고 부처님의 명호를 부르는 중생들을 받아들여 한 사람도 버리지 않는다. 이러한 모든 광명과 상호와 화신불을 이루 다 말할 수 없지만 다만 깊이 깊이 생각하여 마음의 눈으로 볼 수밖에 없다.

이와 같이 볼 수 있는 사람은 바로 시방의 일체 부처님을 볼 수 있으며, 모든 부처님을 볼 수 있으므로 염불 삼매라 한다. 이 관상을 행하는 것을 '모든 부처님의 몸을 관한다'라고 말한다. 부처님의 몸을 관하는 것은 부처님의 마음도 볼 수 있는 것이니, 부처님의 마음이란 바로 대자 대비이며, 모든 부처님들은 이러한 무연 자비로써 모든 중생을 섭수하는 것이다. 이와 같이 관조할 수 있는 사람은 내생에는 여러 부처님의 회상에 태어나 생사를 깨닫는 무생법인을 얻게 된다.

無量壽佛 有八萬四千相. 一一相 各有八萬四千隨形好. 一一好 復有八萬四千光明. 一一光明 徧照十方世界 念佛衆生 攝取不捨. 其光明相好 及與化佛 不可具說. 但當憶想 令心眼見. 見此事者 卽見十方一切諸佛. 以見諸佛故 名念佛三昧. 作是觀者 名觀一切佛身. 以觀佛身故 亦見佛心. 佛心者 大慈悲是. 以無緣慈 攝諸衆生. 作此觀者 捨身他世 生諸佛前 得無生忍.

절대 평등의 자비심

그냥 부처님의 몸을 관하는 것은 앞의 상상관에서 나왔다. 그런데 왜 여기서는 굳이 그 부처님의 모습을 보는 것을 진신관이라고 했을까? 부처님의 몸을 다시 들여다보면 그 부처님의 팔만 사천 털구멍마다 광명이 있고, 그 광명마다 화신불이 계신다. 그 화신불마다 다시 팔만 사천의 털구멍이 있고 그 털구멍마다 또 광명이 있고 그 광명마다 부처님이 계신다. 이런 것은 바로 그냥 하나의 부처님이 저기 계신다 하는 형상으로서의 부처가 아니라, 그 부처의 본질이 바로 연기법이라는 것을 말해 주고 있다. 부처를 본다는 말은 법의 실상을 본다는 것이다. 앞의 것은 그냥 부처의 형상을 말한 것이지만 지금은 그 형상을 통해서 법의 실상, 즉 연기법을 말하고 있다. 진신관이라고 하는 이유가 여기에 있다.

존재의 실상, 모든 것들의 있는 그대로인 실상은 바로 이렇게 중중첩첩 무진 연기로 이루어져 있다. 이것은 나와 이 세계가 둘이 아니라는 뜻이다. 다시 말하면 우리 몸에 있는 세포가, 몸에 있는 두 손이, 몸에 있는 두 발이 별개의 존재가 아니라 하나의 몸에 속한 세포이고, 두 손이고, 두 발인 것처럼 우리는 하나의 몸에 둘로 나뉘어진 모습일 뿐이다. 결국 동체라는 말이다.

연기라는 것, 즉 우리가 다 연관되어 있다는 것은 우리가 하나의 몸으로서 동체라는 얘기이고, 동체라는 얘기는 한 손가락의 아픔이 저절로 다른 손가락의 아픔이 되고 발의 아픔이 손의 아픔이 된다는 얘기이다. 그러니까 무엇인가를 불쌍히 여기는 것이 대비심이 아니다. 자기 아픔과 똑같이 아파하는 것이 대비심이다. 우리가 하나이기 때문에 바로 대자 대비심이 생기는 것이다. 불보살님들은 이러한 대자 대비심으로 중생을 섭수한다. 내가 중생을 구제하는 것이 아니라 일체 중생이 바로 나라는 얘기이다.

이 몸이라는 것이 바로 중생이요, 중생이 바로 나이다. 나 바깥에 따로 별개의 중생이 있는 것이 아니다. 이것이 바로 중생을 섭수한다는 말의 뜻으로서, 모든 것을 완전히 나로 받아들이는 것이다.

이와 같이 관조할 수 있는 사람은 내생에는 여러 부처님의 회상에 태어나 생사가 없는 법을 깨닫게 된다. 곧 무생법인을 얻게 된다. 나고 죽음이 없는 법, 이것이 나와 네가 둘이 아니고 나와 세계가 둘이 아니기 때문에 죽을래야 죽을 수가 없고 태어날래야 태어날 수가 없다. 얼음이 물이 되고 물이 얼음이 되는 것처럼 그냥 존재 그대로의 세계에 되는 것이다.

그러므로 지혜로운 사람은 마음을 집중하여 일심으로 아미타불을 관조해야 한다. 아미타불을 관조할 때는 한 가지 상호로부터 들어가야 한다. 오직 미간의 백호만을 관조하여 그 영상이 분명하도록 관해야 한다. 그래서 미간의 백호를 볼 수 있으면 부처님의 팔만 사천 상호가 저절로 앞에 나타날 것이다. 아미타불을 볼 수 있는 사람은 시방 세계의 헤아릴 수 없는 모든 부처님을 볼 수 있다. 무수한 부처님을 볼 수 있기 때문에 부처님으로부터 미래에 성불한다는 예언을 받게 된다. 이것을 일체 부처님의 몸을 관하는 진신관이라 하고 또한 아홉째 관이라고 한다. 그리고 이와 같이 관하는 것을 정관(正觀)이라 하고, 달리 관하는 것을 사관(邪觀)이라 한다."

是故智者 應當繫心 諸觀無量壽佛. 觀無量壽佛者 從一相好入. 但觀眉間白毫 極令明了. 見眉間白毫者 八萬四千相好 自然當現. 見無量壽佛者 卽見十方無量諸佛. 得見無量諸佛故 諸佛 現前受記. 是爲徧觀一切色身想 名第九觀. 作是觀者 名爲正觀. 若他觀者 名爲邪觀.

이렇게 부처님의 형상을 깊이 관함으로써 우리는 법의 실상을 관하게 되고, 법의 실상을 관하는 것은 바로 부처를 관하는 것이 된다.

아파하는 마음과 열린 마음으로 이루어지는 보살심

제1절 관음관(觀音觀)

부처님께서 다시 아난과 위제희 부인에게 말씀하셨다.
"아미타불을 분명하게 뵈온 다음에는 관세음 보살을 관조하라. 이 보살은 키가 80만억 나유타 유순이며, 몸은 자마금색으로 빛나고, 정수리에는 상투같이 솟은 육계가 있으며, 목에는 원광이 있어 지름이 백천 유순이나 된다. 그 원광 속에는 오백 분의 화신불이 있어 석가모니 부처님과 같다. 그리고 한 분의 화신불마다 각기 오백 명의 보살과 헤아릴 수 없는 천인들을 거느리고 있다.
그리고 관세음 보살의 온몸에서 발하는 광명 속에는 지옥·아귀·축생·인간·천상 등 오도 중생의 일체 현상이 나타나 있다. 관세음 보살의 머리 위에는 마니 보주로 된 천관이 있고, 그 천관 속에는 화신불 한 분이 서 계시는데 높이가 이십오 유순이다."

佛告阿難及韋提希. 見無量壽佛 了了分明已 次復當觀觀世音菩薩. 此菩薩 身長 八十億那由陀由旬 身紫金色 頂有肉髻 項有圓光 面各 百千由旬. 其圓光中 有五百化佛 如釋迦牟尼佛. 有五百化菩薩無量 諸天 以爲侍者. 擧身光中 五道衆生一切色相 皆於中現. 頂上毗楞伽 摩尼寶 以爲天冠. 其天冠中 有一立化佛 高二十五由旬.

나누어 주고 나누어 받는 절대 평등의 자비

진신관에 이어 관음관(觀音觀)과 대세지관(大勢至觀)이 따라 나온다. 관음관은 관세음 보살님을 생각하며 그 모습을 관(觀)하는 것이고, 대세지관은 대세지 보살님을 관하는 것이다.

관세음 보살님은 자비의 마음을 대표하고, 대세지 보살님은 지혜의 빛으로 일체 중생을 비추어 고통을 여의게 하는 힘을 상징한다. 위제희 부인이 아미타 부처님을 친견했을 때 그녀는 이미 두 분 보살님도 함께 뵈었다. 자비와 지혜를 상징하는 이 두 보살님의 성품이 이미 아미타 부처님의 성품 안에 내재하는 것이나 마찬가지이기 때문이다.

자비심이 바로 불심(佛心)이라고 할 수 있다. 즉, 부처님 마음의 특징 가운데 하나가 바로 자비이다. 관세음 보살님은 그런 자비심을 형상화한 것이므로 아미타 부처님 마음의 일부라고 볼 수 있다.

자비의 마음은 일체 중생이 한몸이라는 실상의 깨달음에 근거하여 일어난다. 왼손이 아프면 오른손도 함께 아픔을 느끼듯, 이웃의 고통을 보고 진정으로 함께 아파해 주는 마음이 바로 자비심이다. 이런 마음이 가득한 사람을 관세음 보살님이라고 부를 수 있다.

사람들은 관세음 보살님의 명호를 부르면서 기도함으로써 고통에서 벗어나곤 한다. 그 명호를 부름으로써 고통에서 벗어나는 길이 가능해지는 것은 관세음 보살님의 원력이 있기 때문이다. 관세음 보살님께서는 중생의 고통을 자신의 고통으로 삼고, 고통으로부터 중생을 구제하고자 하는 커다란 원력을 세우셨다. 그렇기 때문에 우리가 관세음 보살님께 의지하고 그 명호를 부르면 고통에서 벗어나는 길을 만날 수 있게 되는 것이다.

그러나 이 기도는 단순히 기도하는 사람이 고통에서 구원받는 것에서 그치지 않는다. 간절히 기도하면 할수록 관세음 보살님의 마음에 가까워지므로, 기도하는 사람은 관세음 보살님처럼 모든 중생의 고통에 대해 같이 아파하는 마음을 갖게 된다. 결국 기도하는 사람 스스로가 관세음 보살님이 되어 다른 중생을 구제하는 대비심을 갖게 된다. 이것이 기도의 힘이고, 관세음 보살님의 명호를 부르는 공덕이다.

관세음 보살의 얼굴은 염부단금색으로 빛나고, 미간의 백호는 칠보의 빛깔이고, 팔만 사천의 광명을 발하고 있다.

그리고 그 낱낱의 광명 속에는 헤아릴 수 없이 많은 화신불이 있다. 그 화신불들은 각기 수없이 많은 화신 보살들을 거느리고 있다.
이와 같이 자재로 변화하여 시방 세계에 가득히 있다. 마치 찬란한 붉은 연꽃이 수없이 피어 있는 것과 같다.
또한 관세음 보살은 80억 광명으로 된 구슬 목걸이를 걸고 있고, 그 구슬 속에는 모든 장엄한 일들이 모조리 나타나 있다.

觀世音菩薩 如閻浮檀金色. 眉間毫相 備七寶色. 流出八萬四千種光明. 一一光明 有無量無數百千化佛. 一一化佛 無數化菩薩 以爲侍者. 變現自在 滿十方世界. 譬如紅蓮華色. 有八十億光明 以爲瓔珞. 其瓔珞中 普現一切諸壯嚴事.

이렇게 기도를 통해서 깨친 자비의 마음은 이웃과 사랑을 나누는 마음이다. 이 마음은 적선은 아니다. 적선이란 상대방을 동정해서 도와 주는 것을 이르는 말이다. 이것은 일견 좋은 것이라고 생각할 수도 있지만 바른 불법의 입장에서 보면 옳지 않다. 부처님 말씀에 따르면 이 세상 일체 중생은 모두 평등하다. 그러므로 누가 누구를 동정한다는 것은 있을 수 없다.

'저 사람이 가난한 것 같으니 내가 도와 주어야 되겠다.'

이런 마음을 먹는 것은 자비가 아닌 적선에 불과하다. 절대적으로 평등한 관계에서는 누가 누구를 돕는다는 것이 불가능하기 때문이다. 적선에는 내가 상대방보다 우월하다는 마음이 그 밑바탕에 깔려 있다.

내가 가지고 있는 부귀, 명예, 권력처럼 현실적인 것과 기쁨, 사랑처럼 정신적인 가치를 이웃에게 기꺼이 나누어 주는 마음이 자비심이다. 그런데 그것은 엄밀한 의미에서 본다면 나누어 주는 것이 아니다.

"원래 이것은 내 것도 아니고 네 것도 아니다. 너와 나는 한몸이므로 우리 모두의 것이다. 그러니 더불어 나누어 쓰자."

이렇게 나누되, 본질적으로 나누는 것이 아님을 알고 감사한 마음으로 더불어 사는 것이 자비심이다.

자비심을 '자심(慈心)'과 '비심(悲心)'으로 나누어 볼 수 있는데 자심은 기쁨을 나누려는 마음이다. 깨달은 사람은 기쁨만 나누지 않고 슬픔도 나누어 갖는다. 타인의 고통을 고스란히 자신의 고통으로 여겨 나누어 갖는 마음이 비심이다. 이 비심이야말로 고통을 같이 풀어 가고자 하는 실천적인 삶의 모태이다.

관세음 보살님은 기쁨은 고스란히 중생 몫으로 남겨 두고 고통과 슬픔은 나누어 가지고 싶어하신다. 관세음 보살님은 모든 중생들이 고통 속에서 신음하는 소리를 듣는다. 마치 바로 곁에서 앓는 소리가 나서 내 가슴에 아프게 전달되는 것처럼 즉각적으로 중생의 아픔을 보고 느끼시는 분이 관세음 보살님이시다. 즉, 세간의 모든 고통을 '관(觀)'하시는 분이 관세음 보살님인 것이다. 우리가 흔히 '대비(大悲) 관세음 보살님'이라고 하며 비심을 더 강조하는 까닭이 여기에 있다.

고통에 동참하는 아픈 마음 — 부처 될 씨앗

비심은 자심보다 더 적극적인 사랑의 표시라고 한다. 기쁨을 나누기는 쉽지만 고통에 동참한다는 것은 정말 어렵기 때문이다. 하지만 바로 이렇게 어려운 것이기 때문에 보살의 마음은 비심에 뿌리를 둔다. 이 비심을 가장 불심에 가까운 것으로 여기는데, 보다 나누기 어려운 것, 즉 고통을 나누려는 순수한 마음이 비심이기 때문이다.

수행을 하다 보면 어떤 경계에도 머물지 말라는 말을 듣게 된다. 그 때 어떤 사람들은 착각하며 비심조차 내려놓는 것이 도(道)라고 생각한다. 하지만 그것은 잘못된 것이다. 가족이나 이웃의 고통에 아파하지 않는 마음이 어떻게 도의 마음이 될 수 있겠는가? 수행은 부처의 마음에 다가가고자 하는 것이지 목석이 되고자 하는 것이 아니다.

이렇게 아픈 마음을 일으키는 사람만이 진정으로 보살행을 실천해 나간다. 그렇다고 특정한 사람에게만 비심이 잠재해 있는 것은 아니다. 비심은 누구에게나 있다. 이 비심이야말로 부처의 씨앗 되는 마음이라고 볼 수 있다.

<관무량수경>은 이 비심을 우리가 갖고 있음을, 무엇과도 비길 수 없이 소중한 마음을 우리가 이미 갖고 있음을 깨우쳐 준다.

그 손바닥은 오백억 가지 연꽃 빛을 띠고, 그 손가락 끝 지문은 팔만

사천의 무늬를 찍은 것과 같다. 그 그림 무늬마다 팔만 사천의 빛깔이 있고, 빛깔마다 팔만 사천의 광명이 있다. 그 광명은 부드럽고 산뜻하여 두루 모든 것을 비추어 내고 있다. 관세음 보살은 이러한 보배 손으로 중생들을 인도한다.

또 관세음 보살이 발을 들 때에 발바닥에는 천폭륜상이 있어 저절로 오백억의 광명대로 변화하고, 발을 디디면 그것이 금강 마니 꽃으로 변하여 온 땅 위에 흩어져 그득하다. 관세음 보살의 모든 상호는 부처님과 똑같이 갖추어져서 조금도 다름이 없으나, 다만 정수리에 솟은 육계와 무견정상이 부처님에게 미치지 못할 뿐이다. 이와 같이 관조함을 관세음 보살의 진실한 몸을 관하는 관음 진신관이라 하고 열 번째 관이라고 한다.”

부처님께서 아난에게 말씀하셨다.

"만약 관세음 보살을 보고자 한다면 마땅히 내가 말한 것과 같이 관하라. 이러한 관을 하는 사람은 어떠한 재앙도 만나지 않고 업장을 말끔히 소멸하여 헤아릴 수 없는 많은 겁 동안 생사에 헤매는 죄업을 면할 것이다. 그래서 관세음 보살의 이름만 들어도 무량한 복을 얻을 수 있을 것이다. 그런데 하물며 그 모습을 분명히 관조하는 사람이라면 어떠하겠느냐.

만일 관세음 보살을 관하고자 하는 사람이 있다면, 먼저 정수리의 육계를 관하고 다음으로 천관을 관하고, 그 나머지 여러 상호도 차례차례 관하되, 손바닥을 보는 것과 같이 뚜렷하게 하라. 이같이 관하는 것을 정관(正觀)이라 하고, 달리 관하는 것을 사관(邪觀)이라 한다.

手掌作五百億雜蓮華色. 手十指端 一一指端 有八萬四千畫 猶如印文. 一一畫 有八萬四千色. 一一色 有八萬四千光. 其光柔軟 普照一切. 以此寶手 接引衆生. 擧足時 足下有 千輻輪相 自然化成五百億光明臺. 下足時 有金剛摩尼華 布散一切 莫不彌滿. 其餘身相 衆好具足 如佛無異. 唯頂上肉髻 及無見頂相 不及世尊. 是爲觀觀世音菩薩 眞實色身想 名第十觀. 佛告阿難. 若有欲觀 觀世音菩薩者 當作是觀. 作是觀者 不遇諸禍 淨除業障 除無數劫 生死之罪. 如此菩薩 但聞其名 獲無量福. 何況諦觀. 若有欲觀 觀世音菩薩者 先觀頂上肉髻 次觀天觀 其餘衆相 亦次第觀之 亦令明了如觀掌中. 作是觀者 名爲正觀. 若他觀者 名爲邪觀.

다 보고 다 듣고 다 느끼고 즉시 구원하시는 분

관세음 보살님은 '천수 천안 관세음 보살(千手千眼觀世音菩薩)'이라고도 일컬어진다. 천 개의 손과 눈이라는 것은 은유이다. 무수히 많은 눈과 손을 가지고 있다는 뜻일 뿐, 정확히 천 개의 눈과 손을 가졌다는 뜻은 아니다.

이 세상의 수많은 고통 중생이 관세음 보살님을 향해 기도한다. 그렇게 기도하는 사람의 수효는 너무나 많아서 끝내 다 헤아릴 수가 없다. 그 고통의 내용 또한 가지가지이다. 그래서 관세음 보살님은 천수 천안 관세음 보살님이 되신다. 그 숱한 중생들의 고통을 낱낱이 보고 낱낱이 손 내밀어 구원해 주시기 위해서이다. 천

수 천안 관세음 보살님이라는 이름은 관세음 보살님의 대비 원력을 일컫는 말에 다름 아니다. 천 개의 눈으로 중생의 고통을 굽어 보시고 천 개의 손으로 중생의 고통을 어루만져 주시는 분, 그렇게 많은 눈은 우리들 모든 사람에게 동시에 향해 있고, 많은 손은 항상 우리들 모든 사람 곁에 있어 언제라도 아픈 곳을 쓰다듬어 줄 수 있는 분, 그 분이 바로 관세음 보살님이시다.

제2절 세지관(勢至觀)

다음에는 대세지 보살을 관조하라. 이 보살의 크기는 관세음 보살과 같으며 그 원광의 넓이는 이백 이십 오 유순이며, 이백 오십 유순을 비추고 있다. 온몸에서 발하는 광명은 자마금색으로서 시방 세계 모든 나라를 비추고, 인연이 있는 중생들은 다 볼 수 있다. 그리고 이 보살의 한 모공에서 나오는 광명만 보아도 시방 세계의 무량한 모든 부처님의 청정하고 미묘한 광명을 본 것이 된다. 그러므로 이 보살의 이름을 끝없는 광명인 무변광이라고 말한다. 또 지혜의 광명으로 널리 일체 중생을 비추기 때문에 지옥·아귀·축생 등 삼악도의 고난을 여의게 하는 위없는 힘을 얻게 된다. 그렇기 때문에 이 보살을 대세지라고 한다.

그리고 이 보살의 보배관은 오백 가지의 보배 꽃으로 장식되어 있고, 그 하나하나의 보배 꽃마다 오백 개의 보배 꽃받침이 있으며, 그 낱낱의 꽃받침에는 시방 세계의 모든 청정 미묘한 불국토의 광대한 모양이 나타난다. 또 정수리의 육계는 찬란한 홍련화와 같으며, 그 위에 하나의 보배 병이 있어 온갖 광명이 가득하여 두루 부처님께서 하시는 일을 나타내고 있다. 그밖에 여러 가지 몸의 형상은 관세음 보살과 다름이 없다.

이 보살이 다닐 때에는 시방 세계의 모든 것이 진동하며, 진동하는 곳마다 오백억 개의 보배 꽃이 피고, 꽃마다 크고 장엄함이 극락 세계와 같다. 이 보살이 앉을 때 칠보로 된 국토는 아래쪽의 금광불 국토에서 위에 이르는 광명왕불 국토에 이르기까지 일시에 흔들린다. 그 중간에는 무량 무수한 아미타불의 분신과 관세음 보살과 대세지 보살의 분신들이 구름같이 극락 세계에 모여 허공 가득히 연화대에 앉아서 미묘한 불법을 연설하여 고뇌하는 중생을 제도한다.

이와 같이 관조함을 정관(正觀)이라 하고, 달리 관함을 사관(邪觀)이라 한다. 또 이러한 것이 대세지 보살의 색신을 생각하는 관이며 열한 번째 관이다. 이 대세지 보살을 관조하는 사람은 헤아릴 수 없이 오랜 아승지 겁 동안 생사에 헤매는 죄업을 없애며, 다시는 태중에 들지 않고 언제나 모든 부처님의 청정 미묘한 국토에 노닐 것이다. 이와 같은 관이 성취되면 온전히 관세음 보살과 대세지 보살을 보았다고 할 수 있다.

次復應觀大勢至菩薩. 此菩薩身量大小 亦如觀世音. 圓光面各 二百二十五由旬. 照二百五十由旬. 擧身光明 照十方國 作紫金色. 有緣衆生 皆悉得見. 但見此菩薩 一毛孔光 照見十方無量 諸佛淨妙光明.

是故號此菩薩 名無邊光. 以智慧光 普照一切 令離三途 得無上力.
是故號此菩薩 名大勢至. 此菩薩天冠 有五百寶華. 一一寶華 有五
百寶臺. 一一臺中 十方諸佛 淨妙國土 廣長之相 皆於中現. 頂上肉
髻 如鉢頭摩華. 於肉髻上 有一寶瓶 盛諸光明 普現佛事. 餘諸身相
如觀世音 等無有異. 此菩薩行時 十方世界 一切震動. 當地動處 有
五百億寶華. 一一寶華 壯嚴高顯 如極樂世界. 此菩薩坐時 七寶國
土 一時動搖 從下方金光佛刹. 乃至上方光明王佛刹 於其中間 無量
塵數 分身無量壽佛 分身觀世音大勢至 皆悉雲集 極樂國土 側塞空
中 坐蓮華座 演說妙法 度苦衆生. 作此觀者 名爲正觀. 若他觀者 名
爲邪觀. 見大勢至菩薩 是爲觀大勢至色身想 名第十一觀. 觀此菩薩
者 除無數劫阿僧祇 生死之罪. 作是觀者 不處胞胎 常遊諸佛淨妙國
土. 此觀成已 名爲具足觀觀世音大勢至.

아상 없는 열린 마음으로
지혜의 광명 비추시는 대세지 보살님

우리가 천 개의 눈과 손을 가진 관세음 보살님처럼 대자 대비한 마음을 가지게 될 때, 그 때 우리의 눈이 열리기 시작한다. 대비심이 일어날 때 아상은 사라진다. 아상에 가려 있을 때 우리는 결코 지혜로써 이 세상을 볼 수 없고, 고통을 해결하거나 부처가 될 수 있는 길도 볼 수 없다.

고승인 자장 율사도 한순간 아상에 마음의 눈이 가리어 자신을 찾아오신 문수 보살을 뵐 수 없었다고 한다. 고승이 그러할진대 범부 중생이야 더 말할 것도 없다.

아상을 버려야만 세상의 실상을 바로 볼 수 있는 지혜안(智慧眼)이 열린다.

지혜는 지식과는 달라서 학식이 많다고 지혜가 많은 것은 결코 아니다. 무엇을 많이 외우고 있다든지 많이 안다든지 하는 것은 지혜가 아니고 지식이다.

지식이 머리라면 지혜는 마음이다. 일자 무식인데도 사리 분별을 잘 하는 사람이 있고, 지식인인데도 앞뒤가 꽉 막힌 벽창호 같은 사람이 있다. 후자의 경우는 지식이 오히려 지혜를 가려서 마음의 눈과 귀가 닫혀 있는 사람이라 할 수 있다.

대비심이 일어나서 마음이 너와 나 사이의 경계를 자유 자재로 오가며 따뜻한 빛을 전할 때 지혜가 열린다. 이렇게 마음이 탁 트여 그 마음 빛이 미치지 않는 곳이 없는 분이 대세지 보살님이시다.

아미타 부처님 좌우에는 대세지 보살님과 관세음 보살님이 시립해 계신다. 그것은 곧 두 보살의 성품, 즉 자비와 지혜를 이미 부처님께서 구족해 가지고 계신다는 뜻이다. 부처님께서는 지혜로써 우리가 가지고 있는 고통을 여실히 다 보신다. 이런 부처님께서는 지혜로써 고통을 살피시고 자비를 통해 우리들을 구해 내신다. 그러므로 진실로 이 자비와 지혜야말로 부처님의 대표적인 성품이요, 불교의 근본 핵심이라고 할 수 있다.

무량한 중생, 무량한 부처님

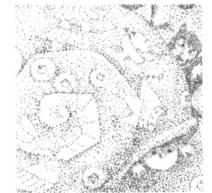

제1절 보관(普觀)

이 두루 생각하는 관을 할 때에는 다시 자기 마음을 일깨워, 자기가 서방 정토 극락 세계에 태어나 연꽃 속에서 가부좌를 하고 앉아 그 연꽃 봉오리가 오므라졌다가 활짝 피어나는 생각을 해야 한다. 그리고 그 연꽃이 피어날 때는 그 속에서 오백 가지의 광명이 나와 자기 몸을 비추고 자기 눈을 뜨게 한다고 생각해야 한다.

見此事時 當起自心 生於西方極樂世界 於蓮華中 結跏趺坐 作蓮華合想 作蓮華開想. 蓮華開時 有五百色光 來照身 想眼目開.

아미타 부처님의 정토를 관하는 것은 다만 아미타불을 뵙고자 하는 것이 목적은 아니다. 마침내 아미타 부처님을 만나고 정토를 분명히 관했다면 이제는 아무런 의심 없이 아미타 부처님 앞으로 나아가는 것이 필요하다. 그리하여 진정으로 부처 세계 안으로 섭수되는 것이다.

참회로부터 시작된 수행을 통해 우리는 마침내 부처의 마음, 즉 대비의 바다에 이를 수 있다. 나아가 내 몸과 마음이 다 부처 되고, 부처 가운데 살아 있는 경지에 이르게 된다.

부처님과 보살들이 허공에 가득함을 볼 때에, 극락 세계의 흐르는 물소리와 지저귀는 새들의 노래와 보배 숲에 살랑거리는 바람 소리와 부처님의 음성 등이 모두 부처님의 미묘한 법문을 설하고 있다. 선정에서 나온 뒤에도 그것을 잊지 않도록 해야 한다.
그래서 이와 같이 관할 수 있게 되면 아미타불과 극락 세계를 볼 수 있다. 이렇게 두루 관함을 보관이라 하고 열 두 번째 관법이라고 한다. 아미타불의 화신은 무수하여 관세음 보살과 대세지 보살과 더불어 항상 그 수행인의 처소에 나타나 줄 것이다.

想見佛菩薩 滿虛空中 水鳥樹林 及與諸佛 所出音聲 皆演妙法 與十二部經合. 出定之時 憶持不失. 見此事已 名見無量壽佛 極樂世界. 是爲普觀想 名第十二觀. 無量壽佛 化身無數 與觀世音大勢至 常來至此行人之所.

열두 번째의 관법인 이 보관(普觀)은 중생으로 하여금 대비의 바다에서 업연을 완전히 씻고 정토의 세계로 나아가 마침내 부처의 상태, 즉 깨달음의 경지에 도달하게 하는 관법이다.

그러나 혼자만의 깨달음은 우리의 궁극적인 목적이 아니기 때문에 다시 새로운 마음을 일으키게 된다.

진실로 그 마음이 깨달음의 경지에 이르러 대비심으로 가득 찬 사람이라면, 바로 그 깨달음의 경지에 이르는 기쁨을 느끼는 순간 다른 중생들도 이 기쁨 속에 함께할 수 있기를 기원하게 될 것이다. 바로 그 원력을 통해 모든 중생들이 부처 세계로 나아갈 길이 열리게 된다.

제2절 잡상관(雜想觀)

부처님께서 다시 아난과 위제희 부인에게 말씀하셨다.
"지극한 정성으로 극락 세계에 태어나고자 하는 사람은 먼저 일장 여섯 자 되는 불상이 보배 연못 위에 있다고 관하라.
앞에서 말한 바와 같이 아미타불은 그 몸의 크기가 우주에 가득하여 끝이 없으니 범부의 마음으로는 미칠 수가 없다. 그러나 아미타불께서 과거세에 세우신 큰 서원의 힘에 의하여 깊이 관하는 사람은 반드시 성취할 수 있게 되어 있다.

佛告阿難及韋提希. 若欲至心生西方者 先當觀於一丈六像 在池水

上. 如先所說 無量壽佛 身量無邊 非是凡夫 心力所及. 然彼如來 宿願力故 有憶想者 必得成就.

바닷물이 모든 산하 대지에 떨어진 물을 잡아당기듯 아미타 부처님께서는 무량한 세월 동안 한량없는 중생을 부처 세계로 이끌고 계신다. 바로 이 힘이 부처님의 본원력이다. 하지만 업장에 가리운 중생의 눈으로는 바로 곁에 계신 부처님도 볼 수 없다. 그러나 힘껏 부처님의 본원을 일깨워 부르며 깊이 생각할 때, 우리는 중생의 몸이면서도 우리 곁에 살아 계신 부처님의 참모습을 볼 수 있게 된다.

다만 부처님의 형상만을 생각해도 무량한 복을 받을 수 있는데, 하물며 원만히 갖추어진 부처님의 모습을 관하는 경우는 어떠하겠는가. 아미타불께서는 신통력이 자재하여 시방 세계 모든 국토에 마음대로 변화하여 나타나신다. 혹은 크게 나투시어 끝없는 허공에 가득하고 혹은 작은 몸으로 나투시어 일장 여섯 자로 되기도 하고, 또는 여덟 자가 되기도 한다. 그리고 나타나는 몸의 형상은 모두 자마금색의 광명으로 빛나고, 원광 속의 화신인 부처님이나 보배 연꽃은 먼저 말한 바와 같다.
관세음 보살과 대세지 보살은 어디에서나 같은 모양으로 나타나신다. 중생들은 그 머리만을 보아도 알 수 있는데, 그 머리의 보배 관에 부처님이 계시면 관세음 보살이고 보배 병이 있으면 대세지 보살이다.

이 두 보살은 아미타 부처님을 도와서 두루 일체 중생을 교화하는 것이다. 이렇게 생각하는 법을 섞어 생각하는 잡상관이라고 하고 열세 번째 관이라고 한다.

但想佛像 得無量福. 何況復觀佛具足身相. 阿彌陀佛 神通如意 於十方國 變現自在. 或現大身 滿虛空中 或現小身 丈六八尺. 所現之形 皆眞金色. 圓光化佛 及寶蓮華 如上所說. 觀世音菩薩及大勢至 於一切處身同. 衆生但觀首相 知是觀世音 知是大勢至. 此二菩薩 助阿彌陀佛 普化一切. 是爲雜想觀 名第十三觀.

아미타 부처님을 친견하고 곧 이어 나 자신이 아미타 부처님과 하나 되는 모습을 보게 될 때, 즉 내가 부처 되는 상태에 도달할 때 우리는 깨달음을 얻는다. 그렇지만 그것은 깨달음의 시작일 뿐이다. 진정한 깨달음이란 일체 중생이 다 깨닫고 모두가 부처 되는 정토 세계의 완성이어야만 한다.

부처님께 구원을 청하는 한낱 중생이었다 해도 일단 눈을 뜨고 보면 스스로 보살이 된다는 것을 알게 된다. 부처님을 알고 난 후 돌아보면 자신의 존재란 저 무수한 중생을 깨우쳐 주고자 온 본래 보살이었음을 가슴 깊이 느끼게 된다. 이렇게 자기 존재의 본래 의미를 깨닫고 중생 구제의 길에 들어서고 보면, 그 중생계의 본래 모습 역시 정토 세계임을 알게 된다. 이렇게 한 사람이 부처를 이루고 보면, 일체 중생이 다 부처 되어 수많은 화현(化現)으로 가득한 극락 정토가 그대로 눈앞에 펼쳐지게 된다.

우리가 만약 이 경전에서 말하는 열세 가지의 관법 수행을 다만 글자로만 읽는다면 그것은 허깨비를 본 것과 다름없다. 예를 들어 '보배 나무가 많다' 하는 대목을 읽고 '그 보배 열매를 따서 목걸이 하면 좋겠다'라는 식으로 생각이 흘러간다면 그 사람은 이미 경전을 읽는 것이 아니다. 이렇게 경전을 글자로만 읽을 때는 비록 천만 번을 읽는다 해도 가르침의 깊은 뜻을 한 줄도 알 수 없게 된다.

경전을 읽든 기도를 하든 우리에게는 항상 그 목적이 있다. 다만 재미있는 이야깃거리나 얻고자 경전을 뒤적거리거나, 세속의 욕심을 채우고 지위를 얻는 비결을 구하려고 경전을 보는 것은 아닐 것이다. 나를 바로 하기 위한 마음 자세를 가지고 경전을 읽으면 내 마음으로부터 저 부처 세계까지 펼쳐 있는 기쁨과 찬탄으로 가득 찬 자유의 길을 부처님께서는 갖가지 비유로 더없이 친절하게 일러 주고 계심을 알 수 있다.

그렇듯 간곡한 가르침을 들으면서도 엉뚱하게도 보배 나무의 보석 따위에 마음을 빼앗긴다면 천하를 얻는 것보다 더 귀한 자유와 기쁨의 진리를 얻을 수 없게 된다.

이 무한한 우주 자체가 아미타 부처님의 몸이다. 그 몸을 작게 나투실 때는 일장 육척으로, 또는 여덟 자로 나투실 수도 있고, 몸을 크게 나투실 때는 바로 우주 자체로 몸을 나투실 수도 있다. 부처님이 작게 나투시면 작게, 크게 나투시면 크게 그 몸을 나투신다는 뜻은 우리 마음이 좁게 쓰면 바늘 구멍 하나 낼 자리도 없고 넓게 쓰면 우주가 다 들어가도 넉넉한 것처럼 우리가 이 마음을 어떻게 쓰느냐가 중요하다는 뜻이다.

정토에 나는 사람들

제1절 상배관(上輩觀)

부처님께서는 중생들이 가지고 있는 능력은 각각 조금씩 다르다고 하셨다. 물론 본래 모습인 불성이 다르다는 말씀이 아니라, 그 불성을 가리고 있는 업장의 두께가 서로 다르다는 말씀이다.

업장이 가벼운 사람은 가르침을 듣고 금방 눈을 뜨지만, 업장이 두터운 사람에게는 아무리 부처님의 가르침을 전해도 못 알아듣는다. 그래서 부처님께서는 그 업장을 소멸시킬 수 있는 법을 각자의 업장에 따라 달리 제시하신다.

부처님께서는 그 업장이 두텁고 가벼운 정도에 따라 중생들을 우선 세 가지로 나누신다. 상배(上輩), 중배(中輩), 하배(下輩)가 그것이다. 그리고 다시 각각의 배(輩)를 상·중·하로 나누어 구품(九品)으로 보신다.

극락 세계에 나게 되면 누구나 다 기쁨을 누리고 정진을 하게 된다. 누구든지 극락 세계에 나기를 원한다면 원하는 대로 다 날 수가 있다. 이 말은 우리가 행복하기를 원하고, 자유롭기를 원한다면 누구나 다 그렇게 될 수가 있다는 얘기이다.

그런데 중생의 번뇌가 서로 다르고 업이 다르기 때문에 현재 각자의 마음 상태에 따라서 그 행복과 자유에 이르는 길이 더디기도 하고 빠르기도 하다. 또, 극락 세계의 구품 연지에는 연꽃이 피고 그 연꽃 속에 많은 사람들이 환생하게 되는데, 이 세상에서 우리가 어떻게 살았느냐에 따라서 극락 세계에 태어날 때의 모습이 다르다.

극락 세계에 가는 모습이 다르다는 이야기를 듣고 극락 세계에도 이 세상처럼 이렇게 아홉 부류의 사람들이 산다고 생각하면 안 된다. 오늘날 우리들의 삶의 방식이 다르기 때문에 극락 세계에 태어나는 방식이 다를 뿐이다.

구품 중생이란 우리가 사는 이 세상의 모든 중생을 지칭하는 말이다. 하지만 아미타 부처님은 아홉 종류의 모든 사람을 다 구제하신다. 상품 중생만 구제하시는 것이 아니라 하품 중생도 다 구제하시기 때문에 아미타 부처님을 '구품 도사'라고 한다.

상품 상생-지성심, 신심, 회향 발원심

부처님께서 다시 아난과 위제희 부인에게 말씀하셨다.
"상품 상생은 중생 가운데 극락 세계에 태어나기를 원하며 세 가지의 마음을 일으켜 극락 세계에 태어나는 사람을 말한다. 그 세 가지란 첫째로 지극히 정성스러운 마음이요, 둘째는 깊은 신심이며, 셋째로 모든 선행을 회향하여 극락 세계에 태어나기를 바라는 회향 발원심이다. 이 세 가지 마음을 갖추면 반드시 극락 세계에 태어난다.

佛告阿難及韋提希. 上品上生者 若有衆生 願生彼國者 發三種心 卽便往生. 何等爲三. 一者至誠心. 二者深心. 三者廻向發願心. 具三心者 必生彼國.

이 세상에서 저 극락 세계에 가장 빨리 가는 사람들이 상품 상생이다. 극락 세계에 제일 빠르게, 그리고 확실하게 태어나는 상품 상생의 사람들은 세 가지 마음을 일으켜야 한다.

그 세 가지 마음 중에 첫째가 지극히 정성스러운 마음, 다시 말해 지성심(至誠心)이다. 간절한 마음이 있어야 된다는 말이다. 간절하면 어떻게 될까? 집중이 된다.

'화두를 간절히 참구해라, 염불을 간절하게 해라, 고양이가 쥐 잡듯이 해라.'

흔히들 수행할 때면 이런 말을 듣게 된다. 고양이가 쥐를 잡으려 할 때에는 한눈을 절대 팔지 않는다. 또 이런 말도 있다.

'주린 아이 밥 찾듯이 해라, 우는 아이 엄마 찾듯이 해라, 목마른 사람 물 찾듯이 해라.'

그만큼 간절해야 한다는 뜻이다. 이렇게 간절한 마음, 지극히 정성을 다하는 마음이 첫째이다.

둘째는 깊은 신앙심, 즉 믿음이다. 될까 안 될까, 이렇게 의심하는 것이 아니라 확실하게 믿는 마음이 필요하다.

셋째는 모든 선행을 회향하여 극락 세계에 태어나기를 바라는 회향 발원심(廻向發願心)이다. 모든 공덕을 우리가 지어도 그 공덕을 자기만 차지하려고 하지 말고 그 공덕을 일체 중생에게 회향하는 마음이 있어야 한다. 그 공덕마저도 회향한다는 말은 무슨 말일까? 바로 놓아 버린다는 뜻이다. 공덕마저도 놓아 버리는데 하물며 공덕 아닌 것은 말할 것도 없다. 공덕까지도 회향한다는 말은 일체를 회향한다, 일체를 놓아 버린다는 말이다.

부처님께서는 깨달음을 얻기 위해서 왕위도 버리셨고 저 도솔천 천주의 지위도 버리셨다. 출가 수행하실 때는 교단의 지도자가 되라고 하는 것도 버리셨다. 이처럼 일체를 다 놓아 버리고 오로지 깨달음을 향한 지극한 마음을 내야 한다.

또 다음 세 종류의 중생이 극락 세계에 태어날 수 있다. 첫째는 자비심이 깊어서 산 목숨을 죽이지 않고 모든 계율을 갖추어 행동이 올바른 사람이며, 둘째는 대승 경전을 지성으로 독송하는 사람이며, 셋째는 육념(六念)을 수행하고, 이러한 선근 공덕을 회향하여 극락 세계에 태어나고자 원하는 사람이다. 이러한 사람들은 하루 내지 이레 사이에 극락 세계에 태어날 수 있다.

復有三種衆生 當得往生. 何等爲三. 一者 慈心不殺 具諸戒行. 二者 讀誦大乘方等經典. 三者 修行六念 廻向發願 願生彼國 具此功德. 一一乃至七日 卽得往生.

'세 종류의 사람이 있다'는 말은 한 사람이 세 가지를 다 겸비한다기보다 셋 중에 한 가지만 만족시키면 된다는 의미를 가지고 있다.

첫째는 자비심을 내는 사람이다. 일체 중생을 마치 내 몸처럼 생각하는 것이다. 내 아이처럼 생각하고 나처럼 생각한다면 어떤 경우에도 살생을 할 수 없을 것이다. 모든 계율을 갖추어 지니는 것은 저절로 이루어진다. 일체 중생을 내 몸처럼 사랑하니까 해칠 수 없고, 일체의 물건을 다 내 물건처럼 생각하니까 남의 물건을 훔칠 수가 없으며, 그 사람 입장을 내 입장처럼 생각하니까 해가 되게 할 수 없다. 또 그 사람을 나처럼 생각하니까 괴롭힐 수가 없는 것이다. 그 사람이 내 아내이고 내 딸이고 내 동생이고 내 부모이며 내 어머니라고 생각한다면 함부로 대할 수가 없을 것이다. 이렇게 계율을 갖추어 행동이 올바른 사람, 큰 자비심을 내어서 계율을 청정히 지키는 사람이 되면 바로 극락 세계에 왕생할 수가 있다.

둘째는 대승 경전을 지성으로 독송하는 사람이다. 여기에서 수지 독송(受持讀誦)한다는 말을 그냥 입으로만 외우는 것으로 받아들이면 안 된다. 수지한다는 것은 그 경을 읽으면서,

"앗, 그렇지! 맞아, 옳구나! 그래!"

이렇게 받아들이는 것을 말한다. 그러니까 단순히 손으로 받는다는 뜻이 아니라 그 법을 언제나 가슴속에 지니는 것을 말한다. 공(空)을 지닌다는 것은 법이 공함을 늘 간직한다는 것이다. 그래서 '뭐 저런 사람이 다 있어?'

이렇게 생각이 일어나면,

'아, 법에는 두 가지 모양이 없는 거야.'

이렇게 마음을 탁 돌려서 언제나 법이 공(空)함을 놓치지 않고 보는 것이다. 분별심이 일어나더라도 마찬가지이다. '수지'란 이렇게 그 가르침을 지니는 것이다. '독(讀)'이라는 것은 그것을 늘 읽는 것이다. 어쩌다가 한 번 읽는 것이 아니라 늘 되풀이 읽어 가슴에 새긴다는 뜻이다. 그 다음에 '송(誦)'은 무엇인가? 그것을 늘 외우고 다니는 것이다. 늘 외우면서 한시도 놓치지 않는 것을 말한다. 이것을 참으로 수지 독송이라고 한다.

대승 경전을 수지 독송한다면서 그저 뜻도 생각 안 하고 그냥 중얼중얼 읽는 사람들이 많다. 심지어는 목욕탕 사우나실에서 10분 간 버텨 보려고 반야심경을 외우는 사람도 있다. 집중해서 읽는 사람이야말로 부처님의 가르침대로 사는 사람이 된다. 그래야만 부처님의 가르침이 바로 자기의 지혜가 된다. 이런 사람들은

바로 극락 세계에 태어나게 된다.

셋째는 육념(六念), 즉 여섯 가지 염원을 하는 것이다. 늘 여섯 가지를 생각하고 거기에 집중하는 것이다. 그 첫번째는 염불(念佛)로, 부처님을 생각하는 것이다. 부처님의 삶, 부처님의 말씀, 부처님이 살아가신 삶을 늘 생각하면서 사는 것이다. 두 번째는 염법(念法)으로, 부처님의 가르침을 늘 생각하는 것이다. 세 번째는 염승(念僧)으로, 부처님의 청정한 제자들을 늘 생각하는 것이다. 네 번째는 염계(念戒)로, 늘 계율을 생각하는 것이다. 다섯 번째는 염시(念施)로, 늘 베풀 것을 생각하는 것이다. 얻으려고 하지 말고 주려고 하는 마음을 내는 것을 염시라고 한다. 여섯 번째는 염천(念天)으로, 언제나 천상에 나는 것을 생각하는 것이다. 다시 말하면 복을 짓고 공덕을 지어서 천상에 나는 것을 늘 생각하는 것이다. 욕망에 사로잡혀 남의 물건을 훔치고 갖가지 악덕을 행하면 저절로 지옥에 가게 된다. 늘 천상에 날 생각을 하는 사람은 언제나 바른 행동을 하게 된다.

염불·염법·염승·염계·염시·염천, 이 육념을 행한다면 바로 극락에 태어나게 된다.

이들은 용맹스럽게 정진하였기 때문에 극락 세계에 태어날 때에는 아미타불께서 관세음 보살, 대세지 보살, 무수한 화신불, 수많은 비구 등 성문 대중과 여러 천인들, 칠보 궁전과 더불어 그 앞에 나타나신다. 그 중에 관세음 보살은 금강대를 잡고 대세지 보살과 함께 그 수행자 앞에 이르고, 아미타불께서는 찬란한 광명을 발하여 그 수행자의 몸을 비추며, 여러 보살들과 함께 손을 내밀어 수행자를 영접한다.

生彼國時 此人精進勇猛故 阿彌陀如來 與觀世音大勢至 無數化佛 百千比丘 聲聞大衆 無數諸天 七寶宮殿. 觀世音菩薩 執金剛臺 與大勢至菩薩 至行者前. 阿彌陀佛 放大光明 照行者身 與諸菩薩 授手迎接.

이렇게 집중해서 정진하면 하루 내지 칠일 만에 왕생의 길이 열린다는 얘기이다. 용맹 정진해서 왕생의 길이 열릴 때는 내가 극락 세계에 가는 것이 아니라 극락 세계에서 부처님께서 나를 영접하러 오신다. 그 때 아미타 부처님의 미간에서 나온 빛이 수도 없이 와서 내 몸을 두루 비추는데, 아미타 부처님께서 그 빛을 끌어당기시면 내 몸이 그대로 아미타 부처님에게로 가게 된다.

그 때 관세음 보살과 대세지 보살은 수많은 보살들과 함께 그 수행자를 찬탄하고 그 마음을 더욱 격려한다. 수행자는 환희에 넘쳐 뛸듯이 기뻐하며 자기 몸을 되돌아보면, 어느 새 금강대를 타고 부처님의 뒤를 따르고 있고 순식간에 극락 세계에 태어나 있다.

觀世音大勢至 與無數菩薩 讚歎行者 勸進其心. 行者見已 歡喜踊躍 自見其身 乘金剛臺 隨從佛後.

상품 상생은 죽어서 며칠 지나고 할 것도 없이 바로 살아 있는 몸 그대로 극락을 보고 왕생하는데, 부처님께서 미간 백호 광명을 환히 비추어서 그 몸을 그대로 순식간에 극락 세계로 데려가는 것이다. 그것도 대세지 보살님과 관세음 보살님이 나와서 호위를 하는 속에서 말이다.

극락 세계에 태어나면 상호가 원만하신 부처님의 모습을 보고 여러 보살들의 훌륭한 모양새를 보게 된다. 그리하여 광명이 찬란한 보배 나무 숲에서 울려나오는 미묘한 법문을 들으면 무생법인을 깨닫게 된다.

잠시 동안에 두루 시방 세계를 다니면서 차례대로 부처님을 예배 공경하고, 여러 부처님 앞에서 성불의 예언을 들은 뒤 극락 세계에 돌아와서 헤아릴 수 없이 많은 신통 지혜인 다라니문을 얻는다. 이것을 상품 상생하는 것이라고 한다.

如彈指頃 往生披國 生披國已 見佛色身 衆相具足 見諸菩薩 色相具足. 光明寶林 演說妙法 聞已卽悟無生法忍. 經須臾間 歷事諸佛 遍十方界 於諸佛前 次第受記 還到本國 得無量百千 陀羅尼門. 是名上品上生者.

극락 세계에 순식간에 태어날 뿐만 아니라, 태어나자마자 바로 물 소리, 바람 소리, 새 소리, 이런 것들이 모두 부처님의 법문으로 그 사람에게 들리는데 그 소리를 들으면 그 자리에서 깨달음을 얻게 된다. 그리고 잠시 동안에 시방 세계를 두루 다니면서 부처님들께 예배·공경하고 여러 부처님 앞에서 장차 부처가 되리라는 예언을 차례로 받고 다시금 극락 세계에 돌아온다.

그러니까 상품 상생은 따로 천도해 줄 것이 없고, 죽었다고 슬퍼할 일도 아니다. 헌 옷 벗고 새 옷 갈아입듯이 순식간에 극락에 왕생하기 때문이다. 그러니 여기서 울고불고 해 봐야 헌 옷 붙들고 우는 것과 똑같다.

우리가 정진하는 데는 이 사바 세계가 제일 좋고 지옥 중생의 업장을 소멸하는 데도 이 사바 세계가 제일 좋다는 얘기가 있다. 도대체 왜 그럴까? 그것은 시간 관념이 다르기 때문이다. 지옥은 일찰나에 구백 생멸을 한다. 즉, 우리 시간 개념으로 일초도 안 되는 짧은 시간에 지옥은 구백 번이나 나고 죽음이 진행되는 것이다.

그러니까 우리들이 조상을 위해서 10분간 염불을 해주면 지옥 중생에게는 몇 만 생을 염불해 준 것과 같다. 그러니 지옥에서 천 생을 태어나고 죽으면서 온갖 고통을 다 받아도 사바 세계에서 일초 공부하는 것보다도 못한 것이다.

그럼 반대로 극락 세계는 어떨까? 천상으로 올라가면 거기는 시간이 매우 느려진다. 보통 사람들이 즐거울 때면 십 년이 하루같이 지난다고 하는데, 이처럼 십 년이 지났는데도 겨우 하루 지난 것같이 금방 가 버리는 것이다. 천상에 가면 즐거움만 있고 괴로움이 없다. 그래서 시간이 금방 잘 간다. 사바 세계 중생이 천

년 보내는 시간을 천상에서는 한 시간이면 다 보내 버린다. 그러니까 천상에 가서 하루 놀면 지상의 구백 년 공덕을 다 까먹는 것이다.

여기 사바 세계에서 나쁜 짓을 하고 지옥에 가면 고통을 엄청나게 길게 받지만, 공덕을 엄청나게 쌓았어도 극락 가서 까먹을 셈을 치면 단숨에 까먹어 버린다. 한국인이 인도에 가서 돈 벌어서 한국에 와서 쓰면 일 년 동안 뼈빠지게 번 돈이 밥 한 끼에 달아난다. 그런데 한국에서 하루 분 일당을 받으면 인도의 한 달 월급이 된다. 이 사바 세계에서 우리가 용맹 정진을 하게 되면 한없이 즐거워 시간이 빨리 가는 극락 세계에 곧바로 왕생하게 되고 곧 바로 해탈하게 된다.

상품 중생-인과의 도리를 믿고 의심하지 않는다

상품 중생은 반드시 대승 경전을 배워 읽고 외우지는 않는다 하더라도 능히 대승의 뜻을 알고, 그 근본 진리에 있어서 마음이 놀라거나 두려워하지 않고, 깊이 인과의 도리를 믿어 대승을 비방하지 않으며, 이러한 공덕을 회향하여 극락 세계에 태어나기를 서원하는 사람을 말한다.

이와 같은 수행자가 그 목숨이 다하려 할 때 아미타불께서는 관세음 보살과 대세지 보살, 헤아릴 수 없는 많은 대중 권속들에게 둘러싸여 자마금의 연화대를 가지고 수행자 앞에 나타난다.

그리고 칭찬하시기를, "진리의 아들아, 그대는 대승을 수행하여 그 근본 뜻을 알았으니 이제 내가 와서 그대를 맞아들인다"라고 하며, 일천의 화신불과 함께 동시에 손을 내민다. 그 때 수행자가 자기 몸을 뒤돌아보면 어느새 자마금의 연화대에 앉아 있다. 수행자는 합장하여 여러 부처님을 찬탄하고 한 찰나 동안에 극락 세계의 칠보 연못 연화대 위에 태어나 있다.

이 자마금의 연화대는 곧 보배 꽃과 같고, 하룻밤 사이에 그 보배 꽃이 피어나면 수행자의 몸은 자마금색으로 빛나며, 그 발 밑에도 또한 칠보의 연꽃이 있다. 부처님과 보살이 다 함께 광명을 발하여 수행자의 몸을 비추면 눈이 열려서 마음이 밝게 된다.

과거 속세에 대승법을 익혀 온 공덕으로 극락 세계의 바람 소리, 새 소리, 물 소리가 다 한결같이 깊고 위없는 법문을 설하고 있는 것을 알 수 있다.

수행자는 연화대에서 내려와 부처님께 합장하고 예배하며 찬탄한다. 이와 같이 하여 칠일이 지나면 위없는 바른 진리를 깨닫고 다시 물러남이 없는 자리에 들게 된다. 그리고 자유 자재로 시방 세계에 두루 날아다니며 여러 부처님을 섬기고 여러 부처님 처소에서 삼매를 닦아서 일소 겁이 지나면 무생법인을 얻는다. 그래서 부처님으로부터 장차 성불하리라는 예언을 받게 된다. 이것을 상품 중생이라고 한다.

上品中生者 不必受持讀誦 方等經典. 善解義趣 於第一義 心不驚動 深信因果 不謗大乘. 以此功德 廻向願求 生極樂國. 行此行者 命欲終時 阿彌陀佛 與觀世音大勢至 無量大衆眷屬圍繞 持紫金臺 至行

者前. 讚言. 法子 汝行大乘 解第一義. 是故我今 來迎接汝. 與千化佛 一時授手. 行者自見 坐紫金臺. 合掌叉手 讚歎諸佛. 如一念頃 卽生彼國 七寶池中 此紫金臺. 如大寶華 經宿則開 行者身 作紫磨金色. 足下亦有 七寶蓮華. 佛及菩薩 俱放光明 照行者身 目卽開明. 因前宿習 普聞衆聲 純說甚深 第一義諦. 卽下金臺 禮佛合掌 讚歎世尊. 經於七日 應時卽得阿耨多羅三藐三菩提 得不退轉. 應時卽能飛行 徧至十方 歷事諸佛 於諸佛所 修諸三昧 經一小劫 得無生忍. 現前授記. 是名上品中生者.

대승 경전을 읽지 못했다고 해도 일체 중생이 다 평등해지고 함께 행복해야 한다고 말씀하시는 부처님의 가르침을 가슴 깊이 받아들여 그것을 실천하는 사람이 상품 중생 안에 들어간다.

"자기 앞가림도 못하는데 뭘 남을 생각해? 자기나 잘 챙기면 되지."

보통 이렇게 이야기하곤 하는데, 이것은 쉽게 입에 담아서는 안 되는 말이다. 다 함께 행복해야 한다고 말하는 가르침 자체를 비방하는 것과 마찬가지 결과를 낳을 때가 있기 때문이다. 비록 대승 경전을 다 읽지 못했고 또 실천력이 떨어진다고 해도 대승 정신만큼은 확실하게 이해해 그에 차츰 따르고자 하는 태도를 지녀야 한다.

나만 위하는 것이 아니라 모든 사람을 함께 위하는 길이며, 진정한 행복으로 가는 길이라는 오묘한 진리를 듣고 두려워하거나 놀라지 말고 그 길이 진정으로 옳은 길이라는 생각을 해야 된다.
 똑같이 극락에 가고 부처님의 성불 예언을 받는데 상품 중생의 사람은 일소 겁이라는 시간이 걸린다. 그렇다고 상품 중생이 상품 상생의 사람보다 못한 사람이라는 뜻은 아니다. 다만 상품 중생에 속하는 사람은 좀더 열심히 해야 되지 않겠는가 하는 자기 반성을 하게 된다. 이런 상품 중생의 마음을 부처님께서 미리 헤아리시고는, "현재의 수행력으로도 이미 정토에 날 수 있다. 부족한 부분이 있다면 극락에 가서도 수행할 수 있다"라는 의미의 말씀을 하심으로써 상품 중생의 마음을 위로해 주신다.

상품 하생-원망심이 사라진 세계

상품 하생은 인과의 도리를 믿고 대승의 가르침을 비방하지 않으며, 오직 위없는 도를 구하는 마음을 일으키고, 이러한 공덕을 회향하여 극락 세계에 태어나고자 원하는 사람을 말한다.
이러한 수행자가 목숨을 다하려 할 때는 아미타불께서 관세음 보살, 대세지 보살을 비롯한 여러 권속들과 함께 황금의 연꽃을 가지고 오백의 화신불을 나타내어 그를 맞이하려고 오신다.
오백의 화신불은 일시에 손을 내밀어 칭찬하며 말한다.
"진리의 아들아, 그대는 이제 청정하고 위없는 진리를 구하는 마음을 내었기에 내가 와서 그대를 맞아들이는 것이다."
수행자가 이러한 일을 보고 나서 자기 몸을 되돌아보면 이미 황금의 연꽃 위에 앉아 있다. 그 순간 연꽃은 오므라들고 부처님을 따라서 칠보 연못에 태어난다.

밤낮 하루를 지나서 연꽃은 다시 피어나고, 칠일 동안 부처님을 볼 수 있다. 부처님을 본다고 하지만 부처님의 모든 상호를 분명히 보지는 못한다. 21일이 지난 다음에야 비로소 분명히 보게 된다. 그리고 들려오는 모든 음성들이 다 한결같이 미묘한 법문을 설하는 것으로 들린다.

시방 세계를 두루 다니면서 여러 부처님을 공양하고, 부처님으로부터 깊고 미묘한 법문을 듣고, 삼소 겁이 지나면 온갖 도리를 깨닫고 환희지에 머물게 된다.

이것을 상품 하생이라 말하며, 위에 말한 바 상품 상생과 상품 중생과 상품 하생의 세 갈래로 왕생함을 상배관이라 하고, 열넷째 관이라 한다."

上品下生者 亦信因果 不謗大乘 當發無上道心. 以此功德 迴向願求生極樂國. 行者命欲綜時 阿彌陀佛及觀世音大勢至 與諸眷屬 持金蓮華 化作五百化佛 來迎此人. 五百化佛 一時授手 讚言. 法子 汝今淸淨 發無上道心 我來迎汝. 見此事時 卽自見身 坐金蓮華. 坐已華合 隨世尊後 卽得往生 七寶池中. 一日一夜 蓮華乃開. 七日之中 乃得見佛. 雖見佛身 於衆相好 心不明了. 於三七日後 乃了了見. 聞衆音聲 皆演妙法. 遊歷十方 供養諸佛 於諸佛前 聞甚深法. 經三小劫 得百法明門 住歡喜地. 是名上品下生者. 是名上輩生想 名第十四觀.

이 세상의 중생을 가만히 살펴보면 중생이 극락에 왕생하는 데 우선 이런 세 가지 다른 점이 있다. 그래도 이 세 가지 모두 다 상품에 속한다. 우리들이 인과법을 믿고 수행하면 상품 하생은 될 듯 싶다.

그런데 실제로는 우리들이 인과법을 잘 안 믿는다. 인과법을 믿는다면 어떤 고통이 올 때 남을 원망하는 마음이 없어야 된다. 내가 짓고 받는 것이므로 참회법에 따라 지극히 참회를 하면 최소한 상품 중생은 될 수 있다. 그런데 참회는 안 하고 원망심만 키우면 상품에서는 일단 빠지게 된다.

인과법을 받아들이면 미운 마음과 원망심이 없어진다. 원망심이 없다는 것은 지금 바로 이대로 여기에서 행복할 수 있다는 얘기이다.

최소한 상품 하생은 되는 것이다. 거기에다 좀더 공부를 해서 법의 공(空)함을, 그리고 법이 두 가지 모양이 아님을 이해하고 받아들이면 상품 중생이 되는데, 거기서 더 올라가서 그것을 늘 행하는 경지에 이르게 되면 상품 상생이 되는 것이다.

하느님이 절대로 없다고 확신하고 있는 사람은 신부와 목사이고, 인과법을 절대로 안 믿는 사람은 바로 스님이라는 말이 있다.

인과법은 남이 보든 안 보든, 알아주든 몰라주든 인연의 법칙에 의해서 움직이는 것이다. 불교 신자가 인과법을 늘 이야기하면서도 실제로는 인과법을 잘 안 믿는다. 절에 와서 이런저런 상담하는 사람이 많은데, 인과법을 믿으면 사실 상담할 것도 없다. 다 스

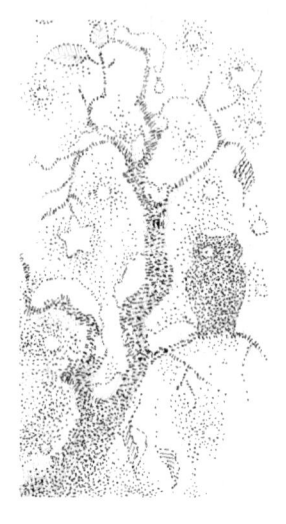

스로 짓고 스스로 받는 것이기 때문이다. 그렇기 때문에 억울하고 원통해서 하게 되는 상담이 아니고 근본 이치에 대한 물음으로 하는 상담이어야 한다.

"내 마음에 원망이 일어나는데, 이렇게 원망이 일어난다는 것은 내가 지금 인과법을 잘 모르기 때문이 아닐까요? 어떤 이치에서 이런 일이 내게 발생합니까?"

이렇게 법에 관해 묻고 질문하면, 비록 그것이 개인 생활에 관계되는 질문일지라도 벌써 이 사건 때문에 결과적으로 따라오는 괴로움이 아니라 사건 자체의 근본 이치를 묻는 것이 된다. 이것은 이미 우리의 일상 생활이 법의 소재가 되는 셈이다. 우리는 지금 그런 상태로 나아가야 한다.

"괴로워서 못살겠다. 어떻게 하면 저 남자, 저 여자, 저 아이, 어머니, 아버지, 이 사회를 뜯어고치느냐?"

이런 생각을 한다는 것은 가슴속에 원한이 있어서 괴롭다는 얘기이다.

이런 상태를 못 벗어나고 있으면 일단은 상품에는 못 들어간다. 중품(中品)으로 떨어지든, 하품(下品)으로 떨어지든 정토에 나기를 발원하면 정토에 나기는 다 나는데 어떤 모습으로 나는지, 자신이 어느 품에 속해서 가고 있는지 잘 살펴보아야 한다.

제2절 중배관(中輩觀)

중품 상생-계율을 철저하게 지키는 사람들

부처님께서 다시 아난과 위제희 부인에게 말씀하셨다.
"중품 상생은 오계와 팔재계와 다른 모든 청정한 계율을 지키며, 오역죄를 범하지 않고, 아무런 허물이 없는 이러한 공덕을 회향하여 극락세계에 태어나고자 원하는 사람을 말한다. 이와 같은 수행자가 목숨을 마칠 때 아미타불께서 여러 비구들과 권속들에 둘러싸여 금색 광명을 비추시며 그 사람 앞에 나타나신다.

佛告阿難及韋諸希. 中品上生者 若有衆生 受持五戒 持八戒齋 修行諸戒 不造五逆 無衆過患. 以此善根 廻向願求 生於西方 極樂世界. 臨命終時 阿彌陀佛 與諸比丘 眷屬圍繞 放金色光 至其人所.

인과법을 믿는다는 것은 지켜야 할 계의 숫자와는 관계가 없다. 오계나 팔재계나 삼백계나 오백계나 천계냐 하는 것이 문제가 아니다. 인과법을 그대로 믿고 따르면 계율이란 것은 따로 지킬 것도 없다. 그런데 그렇게까지는 하지 못하더라도 최소한 오계와 팔재계, 그리고 다른 모든 청정한 계율을 지키며 오욕죄를 범하지 않아야 중품 상생이 될 수 있다. 오역죄란 아버지를 죽이는 것, 어머니를 죽이는 것, 아라한을 죽이는 것, 부처님의 몸에 피가 나도록 하는 것, 화합한 스님 사이를 깨는 것의 이치에 거슬리는 죄를 말한다.

일단 오계나 팔재계, 그리고 자기가 받은 모든 계율을 청정하게 잘 지키는 사람이 중품 상생이다. 그런데 요즘은 계율을 받아도 안 지키기 때문에 사실은 중품 상생이 되기도 어렵지만, 옛날 부처님 당시의 재가 신자들은 이 정도는 다 지켰다. 야사의 어머니, 아버지라든지 지이바카나 수자타 장자라든지 부처님 당시의 많은 재가 신자들은 계율을 지키는 데 철저했다. 계율을 받으면 자기 목숨을 마칠 때까지 지킨다는 개념이 확실했다. 그런데 지금 우리는 이해 관계에 의해서, 자기 판단에 의지해 적당한 정도씩만 지킨다.

그리고 고·공·무상·무아에 대해 가르침을 설하고, 진리를 구하여 출가한 이가 모든 괴로움을 벗어나는 일을 칭찬한다.

演說苦空無常無我. 讚歎出家 得離衆苦.

중품 상생의 사람은 계를 지키긴 지키되 큰 법에 대해서 이치를 깨달아서 그런 것은 아니다. 그저 철저하게 계만을 지킨다. 깨달음을 얻었는가, 못 얻었는가 하는 것을 그렇게 중요하게 여기지 않는다.

이런 사람 중에 가장 대표적인 사람이 태국의 방콕 시장을 지냈던 '잠롱' 같은 사람이다. 이 사람은 복잡하게 불교 교리를 말하지 않고 정확히 여덟 가지 계율만 지켰다. 첫째 살생하지 않는다, 둘째 훔치지 않는다, 셋째 거짓말을 하지 않는다 등 여덟 가지를 지켰는데, 그는 정치하면서도 거짓말을 하지 않았다고 한다. 그리고 상대를 욕하지 않았다. 자기가 쓴 돈의 내역을 다 공개했고, 군인 연금만 가지고 생활하고 시장으로 일하면서 받은 월급은 모두 다 자선 단체에 보냈다.

그의 스승은 권위를 갖고 있는 대표적인 교단에 소속되어 있는 것이 아니라 태국에서는 좀 새로운 불교의 교파에 속해 있었다. 기성 교단으로부터는 별로 좋게 평가받지 못했지만, 아주 철저하게 계율을 지키고 불교의 근본 사상으로 돌아가고자 하는 운동을 전개하는 작은 교단에 속해 있었던 것이다.

잠롱은 이 교파의 사상을 그대로 수용하여 팔재계를 철저히 지켰다. 그는 어릴 때 농촌에서 자라 태국 육군사관학교에 들어가서 장군이 되었고, 그 후 총리의 비서 실장이 되었다. 태국은 국가의 대표는 국왕이지만 실제 정치적인 권력은 총리가 다 가지고 있다. 그러므로 대통령 비서 실장 역할을 잠롱이 맡은 셈인데, 그 자리에서 보니 정치인이나 관료들 모두가 공부 잘한 머리로 남을 모함하고 자기 이익 챙기는 데만 혈안이 되어 있었다. 그것을 본 잠롱은 나라가 제대로 되려면 정치인들이 정말 깨끗해야 되겠다 하는 생각을 하게 되어 정치를 하게 되었다고 한다.

그는 어렸을 때 꿈이 자기 집을 가지는 것이었다고 한다. 정원이 있어서 화초를 가꿀 수 있는 집을 가지고 싶어했던 것이다. 그래서 그가 군인으로서 장군의 지위에 올랐을 때 그는 그런 집을 하나 마련했다. 그리고는 주말이 되면 늘 정원을 가꾸었다.

그런데 잠롱은 봉사 같은 것도 하고 싶고, 보시도 하고 싶었는데 늘 일하기에 바쁘고, 주말이면 정원 가꾸느라고 바빴으며, 월급으로는 생활비 마련이 벅찼다. 그래서 그는 마침내 집을 팔아 버리고 그 돈을 자선 단체에 기부했다. 그리고는 친구의 빈 집을 빌려 살았다. 그러자 시간이 남아돌기 시작했다. 정원을 가꾸지 않으니까 적어도 토요일과 일요일은 할 일이 없어진 것이다. 그 때부터 월급도 자선 단체에 주고, 토요일과 일요일은 자선 단체에 가서 봉사를 했다.

그 후 정치에 뜻이 있어 방콕 시장 선거에 나왔을 때 모두가 그를 두고 미친 사람이라고 했다. 돈을 하나도 안 썼기 때문이었다. 그 때 그가 쓴 돈이 우리 돈으로 총 이십만 원쯤이었다고 한다. 하다못해 선거 사무소조차도 없었다. 그러자 자원 봉사자들이 오기 시작했는데 리어카 장수가 물건 팔러 다니면서 자기 리어카 옆에다 잠롱 후보의 홍보 문구를 써서 붙여 가지고 다니고, 가게 샌드위치 맨이 자기 가게 선전 한 번 외치고 잠롱 이름 한 번 외치는 식으로 선거 운동을 해주었다. 그리고 인형을 만들어서 잠롱이라고 이름을 붙여서 사람들이 갖고 다녔다. 이런 식으로 해서 그가 초대 민선 시장이 된 것이다.

그렇게 시장이 된 뒤에는 대통령이나 마찬가지인 수상이 취임식을 할 때도 가지 않았다. 시장으로서 할 일이 많은데 그런 곳엔 특별히 갈 일이 없다는 것이었다. 그런 그가 후에 당을 만들었다.

우리말로 하면 '진리의 당'이라는 뜻의 정당을 만들어서 정치를 했는데 많은 사람들이 엄청난 비난을 했지만 결국 그는 방콕시 수도권을 전부 휘어잡았다. 시골에는 안 먹혀 들어갔지만 수도권을 완전히 잡은 것이다. 그는 결국 부수상의 지위에까지 올라갔다.

그 후 군사 쿠데타가 일어나자 잠롱은 반대 데모를 했는데, 그 데모란 것이 뙤약볕이 내리쬐는 공원에 앉아 단식을 하는 것이었다. 평소 하루 한 끼 먹고 계율을 철저하게 지켜 왔던 그였다. 그러니까 사람들이 구름처럼 몰려들기 시작했다. 만약 그가 죽으면 국가에 엄청난 파급 효과가 생길 우려가 있기 때문에 마침내 왕이 그를 불렀다. 그리고는 수상과 군사평의회 의장, 그리고 잠롱을 앞에 놓고 쿠데타를 중지하라는 언급을 했다.

태국은 아무리 쿠데타를 일으켜도 국왕이 간섭을 안 한다. 대신 국왕이 한 번 그만두라고 하면 끝이다. 국왕은 실제적인 권한이 없지만 국왕이 말한 것은 무조건 먹혀 들어가기 때문이다. 국왕의 뜻을 받아들이지 않으면 국민이 인정하지 않는다. 국왕이 그런 면에서 절대적인 권한을 갖고 있는 대신 쿠데타를 하든지 말든지 관여를 안 하는 것이 관례였다.

극락 세계에 나기 위한 구체적인 실천법 – 열여섯 가지 관법 | 213

그런데 예외적으로 국왕이 쿠데타 중단을 언급한 것이다. 군사 평의회 의장은 그날로 사임했고 잠롱도 정치를 그만두었다. 잠롱은 책임이 없었지만, 그 또한 모든 현직에서 물러나 농촌 계몽 운동을 하고 있다.

잠롱이 훌륭하다느니 안 하다느니 하는 얘기를 하려는 것이 아니다. 다만 잠롱은 계율을 지키는 데 철저했다는 얘기를 하고 싶을 뿐이다. 그는 우리 나라의 경제정의실천연합, 가나안 농군학교에 와서 강연을 한 바가 있는데, 그가 어디를 가서 강연을 하든 여덟 가지 계율에 대해서만 얘기한다. 그에게는 자기 인생의 특별한 법이 달리 없다. 자기의 모든 삶의 원칙, 정치의 원칙이 부처님의 여덟 가지 계율뿐이다.

살생하지 않는다는 말은 폭력을 행하지 않는다는 것이다. 거짓말하지 않는다는 계율은 거짓말뿐만 아니라 악담하지 않는다는 뜻도 되고, 넓게 보면 남을 욕하지 않는다는 뜻도 된다. 그 다음에 도둑질하지 않는다는 것은 돈을 속이지 않는다는 것이다. 들어오는 돈을 다 받아서 효과적으로 잘 쓰는 것도 좋겠지만, 그는 돈을 아예 안 받았다. 출가 수행자에게 이런 삶이 가능해도 가정 생활을 하는 보통 사람이 이런 삶을 살기는 어렵다. 더구나 그는 정치인이었다. 사실 정치의 생리라는 것이 이런 식으로 해서 되는 것이 아니다. 그러므로 그의 특별함은 단순히 계율을 지켰다는 데 있는 것이 아니라, 계율을 실제 정치에 적용시켜 지켜 나가고 있다는 데 있는 것이다.

잠룡을 엄청나게 비판하는 사람도 있다. 정치를 종교화한다고 비난하는 사람, 저만 잘났다고 말하는 사람, 저 혼자만 깨끗하고 딴 사람은 다 더럽게 만든다고 말하는 사람 등이 있었지만, 그는 흔들림 없이 밀고 나갔다.

수행자는 부처님을 뵙고 법문을 듣고 나서 마음으로 크게 기뻐하여 자기 몸을 되돌아보면 자신이 이미 연화대에 앉아 있다. 수행자는 곧 무릎을 꿇고 합장하여 부처님께 예배하고 머리를 들기도 전에 벌써 극락 세계에 태어나 있다. 그 때 바로 그를 싸고 있던 연꽃이 피어나는데, 연꽃이 활짝 피자 바람 소리와 물 소리와 새 소리 등 모든 음성들이 네 가지 진리를 찬양하는 것을 듣는다. 이 때 이미 수행자는 아라한의 깨달음을 얻고 삼명(三明)과 육신통(六神通)이 열리며, 여덟 가지 걸림이 없는 해탈을 갖춘 사람으로 되어 있다. 이것을 중품 상생이라고 한다.

行者見已 心大歡喜 自見己身 坐蓮華臺. 長跪合掌 爲佛作禮 未擧頭頃 卽得往生 極樂世界. 蓮華尋開 當華敷時 聞衆音聲 讚歎四諦. 應時卽得 阿羅漢道 三明六通 具八解脫. 是名中品上生者.

여기에서는 중생이 극락 세계에 며칠 만에 태어나는지, 그 다음에 어떻게 깨닫는지 하는 얘기와 시간 개념이 없다. 어쨌든 상품 하생보다는 늦다고 봐야 될 것이다. 그 다음에 중품 중생에 대해서 얘기가 나오는데 중품은 통합해서 전체로 나온다.

중품 중생-재일에는 계율을 지킨다

중품 중생은 하루 밤낮 동안 팔재계나 사미계를 지키고 또는 하루 밤낮 동안 구족계를 지켜서, 그 거동과 예의가 조금도 부족함이 없는 공덕을 회향하여 극락 세계에 태어나고자 원하는 사람을 말한다.

中品中生者 若有衆生 若一日一夜 受持八戒齋 若一日一夜 持沙彌戒 若一日一夜 持具足戒 威儀無缺 以此功德 廻向願求 生極樂國.

그러니까 중품 상생이 오계나 팔재계를 늘 지키는 사람에 해당된다면, 중품 중생은 이 오계나 팔재계를 매일 지킬 수 없어서 날짜를 정해 놓고 어느 특정한 날에 하루 종일 지킨다. 이것이 바로 재일이다. 재일만은 스님들처럼 계를 잘 지킨다는 것이다. 초하루, 초여드레, 열 여드레 등 육재일, 오재일, 사재일 등 재일을 정해 놓고 계를 지킨다.

계행의 향기가 몸에 밴 수행자가 목숨을 마치려 할 때 아미타불은 많은 권속을 거느리고 금색 광명을 비추며 칠보의 연꽃을 갖고 수행자 앞에 온다.
수행자는 허공에서 그를 칭찬하는 소리를 듣는다.
'착한 자여, 그대와 같이 선량한 사람은 시방 삼세 모든 부처님의 가르침에 순종하고 따랐기 때문에 내가 맞이하러 왔다.'
그 말을 듣고 수행자가 자기 몸을 되돌아보면 이미 연꽃 위에 앉아 있으며, 그 순간 연꽃은 이내 오므라져 서방 극락 세계에 태어나서 보배 연못 속에 있으며, 칠일이 지나면 연꽃은 핀다. 연꽃이 피면 수행자의 마음의 눈도 열린다. 수행자는 합장하며 부처님을 찬탄하고 예배하여 법문을 듣고 나서 기쁨이 넘쳐 바로 수다원의 깨달음을 얻고, 반 겁이 지난 뒤에는 아라한이 된다. 이것을 중품 중생이라고 한다."

戒香熏修 如此行者 命欲終時 見阿彌陀佛 與諸眷屬 放金色光 持七寶蓮華 至行者前. 行者自聞 空中有聲 讚言. 善男子 如汝善人 隨順三世諸佛教故 我來迎汝. 行者自見 坐蓮華上. 蓮華卽合 生於西方極樂世界 在寶池中. 經於七日 蓮華乃敷. 華旣敷已 開目合掌. 讚歎世尊 聞法歡喜 得須陀洹. 經半劫已 成阿羅漢. 是名中品中生者.

계율을 받아 지키려고 노력하고 못 지키면 적어도 참회를 한다는 것은 부처님의 가르침이 옳다고 받아들인다는 얘기이다. 자기가 따르지 못하더라도 부처님 법이 옳음을 알고 따르려고 애쓰고 있다는 뜻이다. 일주일에 한 번이라도, 혹은 한 달에 한 번이라도, 그것도 아니면 일 년에 한 번이라도 그렇게 하려고 애쓰고 있다는 얘기이다.

중품 하생-부모에게 효도하고 선량한 마음을 내었는가

그런데 중품 하생부터 크게 나뉜다. 이 중품 하생과 그 이하가 불교를 안 믿는 사람들에 대한 얘기이다. 살생이 좋으니 나쁘니,

진리가 어떠니 저떠니 하는 말을 들어 본 적도 없는 사람들, 이 세상에서 그냥 바쁘게 살아가는 사람들에 해당된다.

중품 하생은 부모에게 효도하고 세상 사람들에게 인자하게 행세한 선량한 사람을 말한다. 이 사람이 목숨을 다하려 할 때 선지식을 만나서 아미타불의 국토인 극락 세계의 안락하고 장엄한 광경을 자세히 듣고, 법장 비구의 48가지 원을 듣고 목숨을 마쳤다면, 이 사람은 힘센 장사가 팔을 한 번 굽혔다가 펴는 동안에 바로 극락 세계에 태어난다.

中品下生者 若有善男子善女人 孝養父母 行世仁慈. 此人命欲終時 遇善知識 爲其廣說 阿彌陀佛 國土樂事 亦說法藏比丘 四十八願. 聞此事已 尋卽命終 譬如壯士 屈伸臂頃 卽生西方 極樂世界.

평소에는 절에 안 다녔던 사람도 죽기 전에 극락 세계에 대한 얘기를 듣고 '나무 아미타불'을 부르면 극락 세계에 태어난다. 나무 아미타불을 부른다는 것은 마음속에 '나도 극락 세계에 태어났으면 좋겠다'라는 간절함이 있다는 것이다.

극락 세계에 태어나서 칠일이 지나면 관세음 보살과 대세지 보살을 만나서 법문을 듣고 기쁨에 넘치며, 다시 일 소겁이 지나면 아라한이 된다. 이것을 중품 하생이라고 말하며, 앞에 말한 바, 중품 상생과 중품 중생과 중품 하생의 세 갈래로 왕생함을 중배관이라 하고, 또한 열다섯째 관이라 한다."

生經七日 遇觀世音及大勢至 聞法歡喜. 經一小劫 成阿羅漢. 是名中品下生者. 是名中輩生想 名第十五觀.

이 사람은 며칠 만에 태어나는 것일까? 여기에 정확하게 표현은 안 되었지만 일주일 만에 태어난다고 보아야 할 것이다.

앞에 말한 바 중품 상생과 중품 중생, 그리고 중품 하생의 세 갈래로 왕생함을 중배관이라 하고, 또한 열다섯째 관이라고 한다. 그러니까 부모님이 절에 안 다니셨어도 돌아가시기 전에 극락 세계에 대한 얘기를 해드리고,

"마음 편안하게 가지시고 저 극락 세계에 태어나시기를 마음으로 원하시면 거기 가서 태어나실 수가 있다."

이렇게 말씀드리면 고통 없이 극락에 태어날 수가 있다는 말이다. 이런 것을 보면 불교는 포용력이 매우 넓다. 어제까지 교회 다니다가 죽는 당일 하루만 극락 세계를 희망해도 좋다는 얘기이다.

그런데 여기에 원칙이 있다. 교회에 다녔다, 절에 다녔다 하는 것은 여기에서 따지지 않는다. 다만 부모에게 효도했는가 하지 않았는가, 선량한 마음을 내었는가 그렇지 않았는가 하는 것을 기준으로 삼는다. 절에 다녀도 이런 마음을 못 낸 사람은 보다 아랫 단계로 떨어지게 된다.

제3절 하배관(下輩觀)

하품 상생 – 대승 경전을 비방하지 않지만, 관심이 없는 사람들

부처님께서 아난과 위제희 부인에게 말씀하셨다.

"하품 상생은 가지가지의 악업을 짓는 중생으로서 비록 대승 경전을 비방하지는 않는다고 하더라도 어리석은 탓으로 온갖 나쁜 짓을 하면서도 참회하고 부끄러워할 줄을 모르는 사람을 말한다. 이런 사람이 목숨이 다하려 할 때 선지식을 만나서 대승 12부 경전의 제목을 찬탄함을 듣게 된다면, 그는 여러 경전의 이름을 들은 공덕으로 천 겁 동안 지은 지극히 무거운 죄업을 면할 수 있다.

佛告阿難及韋提希. 下品上生者 或有衆生 作衆惡業 雖不誹謗 方等經典 如此愚人 多造衆惡 無有慙愧. 命欲終時 遇善知識 爲讚大乘十二部經 首題名字 以聞如是諸經名故 除却千劫極重惡業.

이 하품 상생은 가지가지 악업을 짓는 중생이다. 즉, 어리석은 탓으로 온갖 나쁜 짓을 하면서도 참회할 줄 모르고 부끄러워할 줄 모르는 사람이다.

앞의 중품 하생은 불법을 모른다 하더라도 바르고 착한 일을 행하는 사람이다. 부모에게 효도하고 세상 사람들에게 인자하게 대한 사람, 이런 사람이 중품 하생에 속한다. 설령 불법을 전혀 모른다고 하더라도 상관없고 종교하고도 무관하다. 교회를 다녔어도 좋고 성당을 다녔어도 상관없다. 그저 바르고 선한 사람, 이런 사람을 중품 하생이라고 하는데, 하품 상생은 세상에서 선하다고 평을 받지 못하는 사람을 말한다.

여기에서 가지가지 악한 행동을 하고 참회할 줄도 모른다고 하니까, 그렇다면 우리가 말하는 '극악 무도한 사람'인가 하겠지만 결코 그런 것은 아니다. 사실은 이 사람이야말로 보통 사람이다. 앞에 있는 중품 하생의 중생은 세상에서 말하는 보통 사람들 중에서도 매우 착한 사람이었고, 하품 상생은 그냥 보통 사람들일 뿐이다.

사람들은 누구나 이익을 위해서 조금은 속이기도 하고, 연애를 할 때도 거짓말을 한다. 시험을 칠 때 애들은 다 커닝을 한다. 또 성질나면 화내고, 모기가 문다고 에프킬라를 뿌려 버린다. 다시 말하면 살생을 하는 것이다.

그러나 그것이 잘못이란 생각은 별로 안 한다. 또 남자들은 아내 아닌 다른 여자 한두 명, 혹은 서너 명을 만나도 별 죄의식이 없다. 남자들은 그것이 보통이라고 생각하는 것이다. 이럴 때 잔소리하면 여자가 지나치게 바가지를 긁는다고 생각한다. 자기가 무엇을 잘못했는지 잘 모른다. 이것이 참회할 줄 모른다는 것이다.

거짓말해서 막 숨기고 조마조마해하는 사람은 작은 사기꾼이다. 큰 사기꾼은 사기쳤다는 생각을 안 한다. 큰 거짓말쟁이는 자신이 거짓말하는 줄을 모른다.

극락 세계에 나기 위한 구체적인 실천법 – 열여섯 가지 관법 | 221

휴거 얘기한 사람에게 가서 물어보면 본인이 거짓말했다고 생각하지 않는다. 술 취한 사람이 자신이 술 취한 것을 모르듯이 거짓말하고도 거짓말한 줄도 모르고 있는 것이다. 거짓말에 사로잡히면 거짓말한 줄 모르고 삿된 음행에 사로잡히면 그것이 나쁜 줄을 모르며, 도둑질하는 것에 푹 빠지면 그것이 나쁜 줄을 모른다. 어리석기 때문이다. 얼른 읽으면, '나는 여기에는 해당 안 되네?' 이럴지도 모르지만, 어쩌면 우리들이 모두 여기에 해당되는지도 모른다.

그런데 하품 상생의 특징은 무엇인가? 대승 경전을 비방하지 않는다는 것이다. 관심이 없다는 말이다. 그런 소리 들어 봐야 '그거 들어 뭐해?' 이런 정도의 반응을 보일 뿐, 적어도 그건 필요가 없다느니, 그건 틀린 거라느니 하는 소리는 안 한다.

이런 사람이 죽기 전에 대승 경전을 듣는다면, 그 경전 이름이라도 들은 공덕으로 천 겁 동안 지은 지극히 무거운 죄업을 없애게 된다.

지혜 있는 이가 그에게 가르치기를 합장, 공경하고 '아미타불'을 부르도록 권하여, 그 말대로 정성껏 부처님 명호인 '아미타불'을 부르면, 그 염불 공덕으로 50억 겁 동안 생사에 헤매는 무거운 죄를 면할 수 있다.

智者復敎 合掌叉手 稱南無阿彌陀佛. 稱佛名故 除五十億劫 生死之罪.

하품 상생의 중생도 지혜 있는 사람의 얘기를 듣고 아미타 부처님을 부르고 극락 세계에 나기를 발원하면 오십억 겁 동안 받아야 할 생사 윤회의 과보를 멸하게 된다는 것이다.

그 때 부처님께서는 곧 화신불과 화신 관세음 보살과 화신 대세지 보살을 이 수행자 앞에 보내어 그를 칭찬하신다.
'착한 이여, 그대는 부처님의 명호를 부른 공덕으로 여러 가지 많은 죄업이 소멸되어 내가 그대를 맞이하러 왔다.'
이 말씀이 끝나자 수행자는 홀연 화신인 부처님의 광명이 그의 방안에 가득함을 보고 기쁨에 넘쳐 이내 목숨을 마친다. 그리고는 보배 연꽃을 타고 화신의 부처님 뒤를 따라 보배 연못 가운데 태어난다. 49일이 지나면 그 연꽃이 핀다. 연꽃이 피어나면 자비한 관세음 보살과 대세지 보살이 찬란한 광명을 비추어 그 사람 앞에 와서 그를 위하여 깊고 미묘한 12부 경전을 설법한다.
그는 법문을 듣고 나서 깊이 믿고 받들어 위없는 보리심을 낸다. 10소 겁이 지나서 모든 도리를 밝게 깨달은 지혜인 백법 명문을 갖추고, 보살 십지의 첫 자리인 환희지에 들게 된다.
이것을 하품 상생하는 사람이라 말한다. 이와 같이 부처님과 불법과 불제자 등 삼보의 이름을 듣고 그 삼보의 이름을 들은 공덕으로 바로 극락 세계에 태어난다."

爾時彼佛 卽遣化佛 化觀世音 化大勢至 至行者前 讚言. 善男子 汝稱佛名故 諸罪消滅 我來迎汝. 作是語已 行者卽見 化佛光明 遍滿其

室. 見已歡喜 卽便命終. 乘寶蓮華 隨化佛後 生寶池中. 經七七日 蓮華乃敷. 當華敷時 大悲觀世音菩薩 及大勢至菩薩 放大光明 住其人前 爲說甚深十二部經. 聞已信解 發無上道心. 經十小劫 具百法明門 得入初地. 是名下品上生者. 得聞佛名法名 及聞僧名 卽得往生.

보통 사람들은 49일 만에 극락 세계에 태어나기 때문에 우리가 49재를 지낸다. 이 세상에 살 때 열심히 정진한 사람들은 49일 안에 천도가 된다.

그렇지만 정진을 할 때 중요한 것은 마음이다. 겉으로는 머리 깎고 스님이 되고, 또 절에 부지런히 다녔다 하더라도 그 마음이 닦이지 않으면 아무 소용이 없다. 마음이 얼마나 잘 닦였는지 사실 잘 모르기 때문에 큰스님이라 하더라도 일단은 49재를 지내드리게 된다.

하품 상생까지는 그래도 극락에 왕생하기를 발원만 하면 극락에 가는 데 아무 문제가 없다. 그런데 이하의 두 품은 조금은 문제가 있다. 누구든 왕생을 발원하면 되긴 하지만, 일단 지은 과보를 받아야 하기 때문이다. 앞의 것은 그냥 업이 다 소멸하기 때문에 지옥고를 받지 않고 바로 왕생하는데, 이제부터는 일단은 지옥에 가서 과보의 일부를 받고 난 후에 왕생하게 된다.

하품 중생-계율을 범하고도 참회할 줄 모르는 사람들

부처님께서는 다시 아난과 위제희 부인에게 말씀하셨다.
"하품 중생은 오계나 팔재계나 구족계 등 모든 계율을 범하고 또한 어리석은 탓으로 승단이나 스님네의 물품을 훔치며, 또는 자기의 명예와 이욕을 위하여 허무 맹랑한 부정 설법을 하면서도 뉘우치고 부끄러워할 줄을 모르며, 가지가지의 악업을 짓고도 도리어 자기 스스로는 옳고 장하다고 뽐내는 사람을 말한다. 이와 같이 죄 많은 사람은 그 악업의 과보로 마땅히 지옥에 떨어질 수밖에 없으며, 그래서 그 목숨이 마치려 할 때는 지옥의 맹렬한 불길이 일시에 몰려온다.

佛告阿難及韋提希. 下品中生者 或有衆生 毁犯五戒八戒. 及具足戒 如此愚人 偷僧祇物 盜現前僧物 不淨說法 無有慙愧. 以諸惡業 而自莊嚴. 如此罪人 以惡業故 應墮地獄. 命欲終時 地獄衆火 一時俱至.

불법은 모든 사람을 다 함께 행복한 길로 이끄는 진리이기 때문에 나를 위해서만 사용해서는 안 된다. 이런 불법을 개인의 이익을 위해서만 이용하는 것은 큰 죄업이 되는데, 이 경우 불법을 모른 채 세상살이에 휩쓸리다가 죄업을 짓게 되는 경우보다 훨씬 큰 죄업이 된다고 한다.
물론 이런 것이 불법의 경우에 국한되는 것은 아닐 것이다. 예를 들어 지도자나 공직자가 국가의 재산이나 소속된 단체의 재물을 사유화하고 마음대로 이용하는 것은 보통 사람들이 먹고살기 위한 방편으로 소를 잡고 개를 잡는 것보다 그 죄가 더 무거울 것이다.

바로 여기에 부처님 가르침의 위대함이 있다고 생각한다. 부처님은 부처님이라는 말만 입에 담으면 어떤 죄를 지었든 무조건 용서해 주는 것은 아니다. 입으로는 불법을 말한다고 해도 자신과 세상 사람들을 속이며 나쁜 일을 하면 그 과보가 엄중함을 경계하며 분명히 보여 주시는 것이다.

성철 큰스님께서도 '이 세상에서 가장 큰 도둑놈은 도인인 척하는 놈'이라고 하셨다. '도인인 척하는 놈'이란 그릇된 종교인, 그릇된 종교 지도자들을 말하는 것이다. 대중 앞에 서서 대중을 지도하면서 그것을 통해 많은 대중을 잘못된 방향으로 이끄는 사람들이야말로 이 세상에서 가장 큰 도둑이다. 당연히 그 업보는 이루 말할 수 없이 크다. 따라서 이런 사람들은 죽은 뒤에 지옥에 가서 악업의 과보로 고통을 받게 된다. 그렇다고 이들을 그대로 내버려 둘 수는 없다.

선지식은 큰 자비로써 이 사람을 위하여 아미타불의 열 가지 위덕과 그 광명의 부사의한 신통력을 말해 주고 또한 깨우치게 해준다. 또한 계율과 선정과 지혜와 해탈과 해탈지견 등을 찬탄한다. 그래서 이 사람은 그 법문을 듣고 80억 겁 동안 생사에 헤매는 무거운 죄업에서 벗어나게 된다. 지옥의 맹렬한 불길은 맑고 시원한 미풍으로 변하여 가지가지 천상의 꽃을 날린다. 꽃 위에는 모두 화신의 부처님과 화신의 보살들이 있어서 이 사람을 맞이한다.

순식간에 극락 세계에 태어나며 칠보 연못의 연꽃 속에 태어난다. 그리하여 그 속에서 육 겁이 지나면 연꽃이 핀다. 그 때 관세음 보살과 대세지 보살이 청정한 음성으로 그를 안위하고, 그를 위하여 대승의 깊고 미묘한 경전을 설법한다. 그는 이 법문을 듣고 불현듯 위없는 진리를 깨닫고자 하는 마음을 낸다. 이것을 하품 중생이라 한다."

遇善知識 以大慈悲 爲說阿彌陀佛 十力威德 廣說彼佛 光明神力 亦讚戒定慧解脫解脫知見. 此人聞已 除八十億劫 生死之罪. 地獄猛火 化爲凉風 吹諸天華. 華上皆有化佛菩薩 迎接此人. 如一念頃 卽得往生 七寶池中 蓮華之內. 經於六劫 蓮華乃敷. 當華敷時 觀世音大勢至 以梵音聲 安慰彼人 爲說大乘甚深經典. 聞此法已 應時卽發無上道心. 是名下品中生者.

하품 중생은 승단의 물건을 도용하고 계율을 파하며, 삿된 법을 설하고도 뉘우치기는커녕 오히려 잘난 척하는 사람들이다. 이런 사람은 마땅히 지옥에 떨어진다. 그러나 이런 사람도 죽기 전에 선지식이 지극 정성으로 법문을 해주고, 죽은 뒤에 천도를 해주면 지옥의 불구덩이에 일단 떨어져도 이내 지옥의 불길은 꺼지고 그 고통을 면할 수가 있다. 그러나 이 사람은 극락 세계에 왕생을 해도 그 행복을 누리지는 못한다. 연꽃 속에 육 겁을 갇혀 있어야 하기 때문이다.

그러므로 지옥에서 구제되어도 구품 연지에서 극락의 빛을 보지 못하고 육 겁 동안을 연꽃 속에 있다가 극락 세계에 태어나게 되는 것이다.

하품 하생-바른 불법의 가르침은커녕 대승 경전의 제목도 들어보지 못한 사람들

부처님께서 아난과 위제희 부인에게 말씀하셨다.
"하품 하생은 매양 악업을 짓는 중생으로서, 오역죄와 십악 등 가지가지의 악업을 지어 그 무거운 죄업의 과보로, 응당 지옥·악귀·축생 등 삼악도에 떨어져 오랜 겁 동안 한량없는 괴로움을 받을 사람을 말한다. 이와 같은 어리석은 사람도 목숨이 다하려 할 때는 그를 위하여 여러 가지로 안위하여 주고 미묘한 법문을 들려주어 지성으로 부처님을 생각하도록 가르쳐 주는 선지식을 만난다. 그러나 그는 괴로움이 극심하여 부처님을 생각할 경황이 없다.

佛告阿難及韋提希. 下品下生者 或有衆生 作不善業 五逆十惡 具諸不善. 如此愚人 以惡業故 應墮惡道 經歷多劫 受苦無窮. 如此愚人 臨命終時 遇善知識 種種安慰 爲說妙法 敎令念佛. 此人苦逼 不遑念佛.

아무리 악업이 지중한 사람이라도 불법을 따라 사는 선지식은 그를 외면하지 않는다. 그가 알아듣든 알아듣지 못하든 가르침을 주어 구제의 길로 이끌기를 포기하지 않는 것, 이것이 불교의 무한한 대자비이다. 그렇기 때문에 평생 나쁜 짓만 하면서 사느라고 바른 불법의 가르침은커녕 대승 경전의 제목도 들어보지 못한 하품 하생의 사람에게도 선지식은 자애롭게 다가가서 죽기 전에 염불 한 마디를 하라고 일러 준다. 염불하라는 것은 마음속으로 부처님을 단 한 번이라도 생각하라는 뜻이다. 그러나 악업이 너무나 두터운 하품 하생의 중생은 부처님에 대한 생각을 단 한순간도 떠올릴 수 없다. 진실한 마음을 단 한 번도 일으킬 수 없는 것이다.

선지식은 다시 그에게 '그대가 만약 부처님을 생각할 수가 없다면 다만 아미타불을 부르도록 하라'라고 타이른다. 이 사람이 지성으로 소리를 끊이지 않고 아미타불을 열 번만 완전히 부르면, 이와 같이 부처님의 명호를 부른 공덕으로 염불하는 동안에 80억 겁 동안 생사에 헤매는 무거운 죄업을 면할 수 있다. 목숨을 마칠 때에 태양과 같은 찬란한 황금의 연꽃이 그 사람 앞에 나타나 순식간에 극락 세계의 보배 연못 속에 태어난다.

그 연꽃은 12대 겁이 지나면 핀다. 그 때 관세음 보살과 대세지 보살은 자비로운 음성으로 그를 위하여 일체 만법의 참다운 실상과 모든 죄업을 소멸하는 법문을 자세히 일러 준다. 그는 미묘한 진리를 듣고 기쁨에 넘쳐, 불현듯 위없는 진리를 구하는 마음을 낸다. 이것을 하품 하생이라 말한다. 앞에 말한 바 하품 상생과 하품 중생과 하품 하생 등 세 갈래로 왕생하는 법을 하배관이라 하며, 또한 열여섯 째 관이라 한다.

善友告言 汝若不能念者 應稱無量壽佛. 如是至心 令聲不絶 具足十
念 稱南無阿彌陀佛. 稱佛名故 於念念中 除八十億劫 生死之罪. 命
終之時 見金蓮華 猶如日輪 住其人前 如一念頃 卽得往生 極樂世界
於蓮華中. 滿十二大劫 蓮華方開. 觀世音大勢至 以大悲音聲 爲其廣
說 諸法實相 除滅罪法. 聞已歡喜 應時卽發 菩提之心. 是名下品下
生者. 是名下輩生想 名第十六觀.

어떤 종류의 악업을 짓는다 하더라도 지극 정성으로 아미타 부처님을 부르고 극락 왕생하기를 원하면 누구나 극락에 갈 수 있는데, 어리석은 사람들은 그렇게 되지 않는다. 이런 사람들이 아직 지옥에 있기 때문에 구제해 주기 위해서 49재가 끝난 뒤에도 100재를 지내고, 또 매년 백중이나 행사가 있을 때마다 재를 올리는 것이다.

왕생을 발원한다면 어떤 악행을 저질렀다 하더라도 일단 지옥고는 면하게 된다. 그렇다면 죄를 실컷 지어 놓고 죽을 때 '아미타불'을 열 번만 부르면 된다는 말인가? 그렇다. 그런데 이것이 쉬운 것 같지만 결코 쉽지 않다. 평소 악행만 하며 살던 사람은 임종할 때에 염불 소리가 안 나오는 것이다. 돌멩이에 걸려서 넘어질 때 아미타불 열 번만 부르면 극락에 갈 수 있지만, 평소에 아미타불을 수없이 부를 수 있었던 사람도 돌멩이에 걸려서 탁 넘어지게 되면 그 순간 '아이구!'라고 외치지 '나무 아미타불'을 외우게 되지는 않는다. 길을 가다 돌멩이에 걸려 넘어질 때의 사정이 이런데, 숨이 끊어지려고 하는 다급한 상황이면 어떻겠는가? 누군가가 나에게 있어 가장 귀한 물건을 훔쳐 가려고 하는 순간에 아미타불 열 번을 부르라고 한다면 그것이 가능할까? 아마 잘 안 될 것이다. 하물며 목숨을 마치려 할 때 아미타불 열 번을 부를 수 있겠는가?

속가의 내 어머님은 착하고 영리하신 분이셨다. 마을 사람들이 다 좋아할 만큼 인품도 훌륭하셨지만, 집착심이 좀 많은 분이었다. 마침 어머님이 돌아가시는 날 소가 송아지를 낳았는데, 당신이 숨 넘어가는 그날 아침에도 어머님은 새로 태어나는 송아지를 누가 돌볼 것인지를 걱정하셨다. 이것은 좋게 생각하면 자비심이 많다고 말할 수 있지만, 나쁘게 말하면 집착심이 매우 큰 것이라고 할 수 있다. 지금 목숨이 넘어가는데 송아지를 거꾸로 낳든 옳게 낳든, 누가 돌보든 그것이 어찌 중요하겠는가? 이렇게 집착이 많은 사람들이 죽을 때 아미타불 열 번을 부를 수 있겠는가? 결코 쉽지 않다.

그러므로 평소에 공부를 해야 극락 세계에 나기를 발원하는 마음이 일어나는 것이다. 평소에 공부를 하지 않으면 간절한 발원이 결코 생기지 않는다. 옛날 스님들이 나오는 영화를 보면 절에 불이 났다든지 속가의 어머님이 돌아가셨다든지 하는 소식을 들은 노스님이 '나무 아미타불, 관세음 보살' 하고 조용히 부르는 장면을 볼 수 있다. 이처럼 어떤 일이 일어나도 아미타불을 부르고 관세음 보살을 부를 만큼 평소에 공부가 되어 있어야 한다. 그러면 하품 하생의 중생도 결국 극락에 나아갈 수 있게 된다.

법문을 듣는 공덕

행복도 내가 만드는 것이네
불행도 내가 만드는 것이네

부처님께서 이와 같이 극락 세계를 관조하는 십육 관법의 법문을 설하셨을 때, 위제희 부인은 500명의 시녀들과 함께 부처님의 설법을 듣고 바로 극락 세계의 광대하고 장엄한 모양을 보았다. 그리고 아미타불과 관세음 보살, 대세지 보살을 보고 마음이 환희에 넘쳐 일찍이 없었던 거룩한 일이라고 찬탄하며, 훤히 마음이 열리고 크게 깨달아서 무생 법인을 얻었다.

500명의 시녀들도 위없는 진리를 구하는 마음을 내고 극락 세계에 태어나기를 간절히 원하였다.

그 때 부처님께서는 시녀들에게 이렇게 수기하셨다.
"그대들도 마땅히 극락 세계에 태어날 것이며, 그 곳에 태어나면 모든 부처님이 앞에 나투시는 삼매를 얻게 될 것이다."
이 때 헤아릴 수 없는 천인들도 위없는 진리를 구하는 마음을 일으켰다.

說是語時 韋提希 與五百侍女 聞佛所說 應時卽見 極樂世界 廣長之相. 得見佛身 及二菩薩 心生歡喜 歎未曾有 廓然大悟 得無生忍. 五百侍女 發阿耨多羅三藐三菩提心 願生彼國. 世尊 悉記皆當往生. 生彼國已 得諸佛現前三昧. 無量諸天 發無上道心.

무생(無生)이란 말은 태어남이 없다는 뜻인데, 이 말은 불생 불멸의 경지에 들었다는 말이다. 태어남이 없으므로 죽음도 없다. 무생 법인을 얻었다는 말은 생사를 뛰어넘는 세계에 들었다는 말이다.

위제희 부인은 자신이 왕후가 되고, 자기 남편이 훌륭한 왕이 되고, 자기 아들이 아버지의 대를 이어서 좋은 왕이 되는 것을 가장 큰 행복이라고 생각했는데, 그렇게 되기는커녕 남편과 아들이 싸워서 아들이 남편을 죽이고 자기도 아들로부터 살해당할 위험에 처했다.

이런 아주 어려운 상황에 처해 보니 이 세상에서 가장 불행한 사람이 바로 자기 자신이었다. 또한 그녀는 자기라는 사람이 매우 착하고 행복한 사람인 줄 알았는데, 그것이 아니었다는 것을 깨닫게 되었다. 그녀는 아들을 얻기 위해 남을 죽이는 것을 방조했다. 그 과보로 그토록 아끼고 사랑했던 아들이 아버지를 죽이는 극악무도한 사람이 되었다.

다시 말해 그녀는 자기 아이를 낳기 위해서 다른 사람을 죽이는 살인자를 남편으로 두고, 자신은 그것을 방조했으며, 자기가 왕이 되기 위해서 부모를 죽이는 아들을 두고도 자신이 행복하다고 착각해 왔던 것이다.

결국 그 과보가 큰 고통으로 다가왔다. 아들과 남편이 서로 싸워 원수가 되었으며, 둘 중 하나는 반드시 죽어야 하는 상황이 된 것이다. 그녀는 세상에서 가장 큰 불행에 빠지고 말았다.

그 고통을 극복하기 위해 부처님의 법문을 듣고 인과를 깨닫게 되자 비로소 바른 삶과 바른 행복의 실체가 드러났다. 그제서야 그녀는 참 행복을 얻게 되었다.

우리는 이 세상을 살아가면서 그저 행복을 좇아서 살고 있는데, 그렇게 되면 언젠가 행복은커녕 도리어 큰 불행에 처하게 된다. 그 때 한 생각 돌이켜서 진리로 나아가는 법을 알게 되면 소위 불행이라고 하는 것이 가장 큰 행복을 가져다 주는 계기가 된다. 사실 이 모든 것은 바로 자신이 짓는 것이다.

그래서 부처님께서는 말씀하셨다.

"행복도 내가 만드는 것이네. 불행도 내가 만드는 것이네.

진실로 그 행복과 불행, 다른 사람이 만드는 것 아니네."

　내가 고등학교에 다닐 때, 나는 절에 있으면서 불교학생회 활동을 열심히 했다. 학교 공부도 안 하고 각 지방으로 다니면서 불교학생회를 만들고 다녔다. 그 때 같이 활동했던 친구들은 모두 스님이 될 것처럼, 그리하여 목숨 바쳐 불교 중흥을 위해 일할 것처럼 열심히 했는데, 대학 가고 군대 갔다 오고 결혼한 후에는,

　'내가 언제 그런 생각을 했던가?'

　이렇게 말할 만큼 변해 버렸다. 이렇게 어릴 때 열심히 했던 사람이 오히려 나중에는 불교 활동을 안 한다. 참 묘한 일이다. 이것은 우리 불교계의 큰 문제점이기도 하다. 중고등학교 때 불교 학생회에 열심히 다녔던 사람들이 대학에서는 활동을 안 한다. 또 대학생회에서 열심히 활동했던 사람이 청년회에는 거의 안 들어간다. 청년회 열심히 했던 사람은 또 신도회 안 들어간다. 나이가 오십이 돼도 청년이고 육십이 돼도 청년이다. 청년회 회장 선거할 때 보면 나이가 오륙십 된 사람이 후보로 나온다. 이것이 현재 우리 불교계가 갖고 있는 문제이다. 또 임원 하다가 임기 마치면 절에 잘 안 나온다. 왜 그럴까? 수행하러 절에 다니는 것이 아니기 때문에 그렇다. 수행을 하다가 소임이 주어지면 소임을 하고, 소임이 끝나면 다시 열심히 수행해야 되는데 소임을 하다가 끝나기만 하면 절에도 안 나온다.

　그런 친구들 중에 사십이 넘어 가지고 절에 다시 나오는 사람들이 있다. 이렇게 다시 나올 때는 어떤 계기가 있다. 한 친구는

행복도 내가 만드는 것이네
불행도 내가 만드는 것이네
진실로 그 행복과 불행
다른 사람이 만드는 것 아니네

갑자기 뇌종양이 생겨서 죽게 됐는데, 병나기 이 년 전쯤에 갑자기 마음이 바뀌어서 연락이 오고 불교 공부를 다시 하더니 쓰러졌다. 그런데 기도를 열심히 해서 지금은 다 나았다. 그런 후에는 집에 있으면서도 꼭꼭 아침에 기도하고 자연식만 먹으며 계율을 철저히 지키는 수행자가 되었다.

또 한 친구는 부도가 났다고 전화가 왔다. 그래서 내가 문경 정토 수련원에 와 머물러 있으면서 출가한 셈치고 공부하라고 말해주었다. 그 친구는 무슨 머리를 그렇게 썼는지 머리카락이 하얗다. 머리를 그렇게 써서 젊은 시절을 다 바쳤는데, 결국은 자기 인생을 위해서도 별 좋은 일이 없는 셈이다. 늙어서 이왕 갈 인생이라면 남을 위해서 좀더 의미 있는 일을 하는 것이 좋다.

'내게는 불행한 일이 안 닥칠 것이다. 언젠가는 좋은 일이 생길 것이다.'

이렇게 막연한 기대로 살아서 얻는 행복은 행복이 아니다. 막상 살아 보면 그 행복이라는 것이 바로 불행의 씨앗이 되기도 한다.

대다수의 사람들에게 큰 재앙이라는 것은 과연 무엇일까? 자식이 죽거나 아내 혹은 남편이 죽는 것, 아니면 남편이 딴 여자를 얻거나 파산하고 이혼하거나 하면 그것이 큰 재앙이라 생각할 것이다. 이런 일이 일어났을 때 사람들은 비로소 자기 삶을 돌아보고 후회한다.

여태까지 죽기살기로 일한 결과가 과연 무엇인가? 이런 생각이 든다면 그 인생을 한 번 돌아보아야 된다. 그런 일이 안 일어나니까 괜찮고 그런 일이 일어나면 불행해진다, 이렇게 생각하면 안 된다.

그러면 이렇게 출가해서 수행인으로 사는 나 자신에게는 무엇이 재앙이 될까? 내 앞에 어떤 일이 닥치면 내가 크게 후회할 일이 있을까? 자식이 있어서 죽을 일이 있겠는가, 마누라가 있어 도망갈 일이 있겠는가, 재산이 있어 파산할 일이 있겠는가, 명예가 있어 먹칠당할 일이 있겠는가? 중이 되었어도 명예를 중요시하면 명예를 먹칠할 일이 있을 것이다.

나도 명예를 가지고 있었던 것 같다. 몇 년 전, 나에 대한 비난의 글이 신문에 나오자 화가 많이 났다. 내가 평생 살아온 것에 먹칠했다는 생각이 들었다. 그런데 그 때 공부가 많이 됐다.

"아, 나에게 명예심이 남아 있었구나. 내가 민족을 위해서 산다, 불교를 위해서 산다, 뭘 한다 하는 엄청난 명예심을 갖고 있었구나."

이렇게 깨닫는 공부의 중요한 계기가 됐던 것이다. 어떤 상황이든, 어떤 문제든 그것이 자기를 좌절시키느냐 아니면 오히려 한 발 앞서 나아가는 계기가 되느냐 하는 것은 오로지 자기 자신에게 달렸다. 난관에 부딪쳐 자신을 더 앞으로 나가게 만드는 것이 공부이다. 공부라는 건 특별한 어떤 것이 공부가 아니다.

서암 큰스님의 경우를 보면 그것을 잘 알 수 있다. 서암 큰스님은 종정으로 계시다 불신임을 당했는데, 그 사건은 어찌 보면 승려로서 최고의 불명예라고 할 수 있다. 보통 사람 같으면 대통령

이 옥살이하는 것보다 더 큰 불명예로 느껴 엄청나게 괴로워할 일이다. 그런데 큰스님께서는 턱 놓아 버리시고 편안히 지내셨다. 다른 사람들이 그걸 가지고 시비하지 본인은 아무렇지도 않으신 것이다.

큰스님께서 어제 저녁에 내 거처에 오셨다. 연락도 없이 오셔서 주무셨는데, 내가 어젯밤 철야 기도하고 새벽 네 시에 들어와 깜빡 잠이 들었다가 그만 아침 여덟 시까지 자 버렸다. 결국 아침 공양도 못해 드린 것이다. 그래서 아침 공양을 여덟 시에 해드리려니까 늦었다는 것이다. 상주로 가시는데 차로 모셔다 드리려고 하자 마다하셨다.

"가는 차 타고 가지 뭐 하러 일부러 차 불러 타고 가느냐? 기름도 닳고 나라도 손해다." 하시며 통일호 타고 가신다고 서울역으로 향하셨다. 그런데 통일호가 가 버렸다. 40분 후에나 다시 차가 있는데, 짐보따리가 한 짐이었다. 연세가 여든세 살이신데, "아이고 스님, 그거 짊어지고 못 다니십니다." 하고 내가 말씀드렸더니 "내가 젊었을 때는 그것보다 훨씬 더 많이 지고 다녔다."라고 하셨다. 그러면서 통일호 타고 가신다는 것이다. 택시 타면 사람이 쭈그러져 체면이 영 말이 아닌데 통일호는 의자가 안 넘어가기 때문에 그걸 타면 사람이 체면이 선다는 것이다. 그러면서 통일호는 또 육십오 세 넘으면 할인이라 천 원이나 이천 원만 주면 타고 간다고 말씀하시는 것을 억지로 무궁화호 표를 끊어 가지고 태워 보내 드렸다. 오실 때도 아무도 모셔 온 사람이 없이 혼자 오셨다.

아마 지하철을 타고 오신 듯하다.

사실 세속적인 예의상 내가 모시고 가야 된다. 노인이니 모시고 가야 되고, 종정 스님을 지내신 분이니 당연히 모시고 가야 되는데, 나도 또 법문 약속이 있어서 그냥 기차 태워 드렸다.

이런 분들은 어려움에 처해 보면 진가가 드러난다. 폼잡고 의젓이 있을 때는 누구나 다 위대해 보이는데, 엄청난 시련에 부딪쳤을 때 어떻게 대처하느냐 하는 것이 다르다. 여기에 공부의 깊이가 있는 것이다.

파도가 치는데 배를 타고 나가서 결국은 배가 뒤집어지자 물에 빠져 허우적대면서 살려달라고 아우성을 치는 것이 우리 중생의 세계라면, 배가 뒤집힐 듯 뒤집힐 듯 하는데도 재수가 좋아서 안 넘어지는 것이 신통력자의 경지이다. 하지만 배가 뒤집히든 뒤집히지 않든 상관없는 것이 부처님의 경지이다. 배가 뒤집어지면 물 속에 들어가 바다 구경 재미있게 하고 진주조개를 캐올 수 있기 때문이다. 이 경지에서는 어떤 재앙도 재앙이 될 수가 없다. 바로 그러한 어려움 속에서 그 이전보다 더 큰 공부를 하게 되므로 남이 볼 때 재앙일 뿐, 본인에게는 오히려 좋은 계기가 되기도 한다.

삶의 일체를 공부거리로 생각하면 매일 매일이 재미있다. 마음을 들여다보고 관찰을 하면 그것이 재미인 것이다. 수행의 공덕이 거기에 있다. '괴롭지만 나중에 도움이 된다'라고 하는 것이 아니라 그 괴로움의 현재 속에서 엄청난 것을 배울 수 있는 것이다.

법문을 듣고 있는 것도 전철을 타고 집에 가는 것도 집에 가서 신경질을 내는 것도 다 공부이다. 이렇게 되면 처처 불상(處處佛像)이고 사사 불공(事事佛供)이 된다. 부처님께서 아니 계신 곳이 없고 하는 일마다 부처님 일 아닌 것이 없다.

유통분

참나를 찾는 기쁨

이 몸 이대로 부처 될 수 있다

그때 아난은 곧 자리에서 일어나 부처님 앞에 나아가 말씀드렸다.

"세존이시여, 이 경을 무엇이라고 이름하며, 법문의 중요한 뜻은 어떻게 받들어야 합니까?"

부처님께서 아난에게 말씀하시기를,

"이 경의 이름은 '극락 세계의 무량수불, 관세음 보살, 대세지 보살을 관하는 경'이라 하고 또 '업장을 말끔히 없애고 부처님 앞에 태어나는 경'이라 하라. 그리고 그대는 잘 기억하여 잊지 않도록 명심하라.

爾時阿難 即從座起 前百佛言. 世尊 當何名此經 此法之要 當云何受持. 佛告阿難. 此經名觀極樂國土 無量壽佛 觀世音菩薩 大勢至菩薩. 亦名 淨除業障 生諸佛前. 汝當受持 無令忘失.

이 경은 모든 업장을 말끔히 없애고 부처님 앞에 태어나는 경이다. 즉, 업으로 이루어진 것을 자기라고 착각하고 있는 중생의 무명(無明)을 말끔히 없애고 참나를 발견하는 경이다. 다시 말해 이것은 진정한 자기 부처를 보는 경이다.

이 경에서 말한 삼매를 닦는 사람은 바로 이 몸으로 아미타불과 관세음 보살, 대세지 보살을 볼 수 있다. 선남 선녀가 부처님과 두 보살의 이름만 들어도 무량 겁 동안 생사에 헤매는 죄업이 소멸될 것인데, 하물며 부처님의 지혜 공덕을 깊이 생각하는 사람은 말해 무엇하겠는가. 잘 알아두어라. 부처님을 늘 생각하는 사람은 인간 가운데 가장 큰 순결한 연꽃이다. 관세음 보살과 대세지 보살은 그의 좋은 친구가 되며, 그는 항상 진리를 떠나지 않고 필경에 성불하게 될 것이다.”
부처님께서는 아난에게 거듭 일러 말씀하셨다.
“그대는 이와 같은 말을 잘 지녀야 한다. 이런 말은 다름 아닌 바로 아미타불의 명호를 간직하는 일이다.”
부처님께서 이 말씀을 하실 때 목련 존자와 아난 존자, 위제희 부인 등이 모두 크게 기뻐하였다.
그 때 부처님께서는 왕사성의 위제희 부인 처소에서 설법을 마치고 허공을 걸어 기사굴산에 돌아가셨다.

산에 돌아온 아난은 대중을 위해서 앞에 말씀하신 부처님의 법문을 자세히 알려 주었다. 그래서 헤아릴 수 없이 많은 여러 천인과 용, 야차, 귀신들이 부처님의 법문을 듣고 한결같이 한없는 기쁨에 넘쳐 부처님께 예배하고 물러갔다.

行此三昧者 現身得見 無量壽佛 及二大士. 若善男子善女人 但聞佛名 二菩薩名 除無量劫 生死之罪. 何況憶念 若佛者. 當知此人 是人中分陀利華. 觀世音菩薩 大勢至菩薩 爲其勝友. 當坐道場 生諸佛家. 佛告阿難. 汝好持是語. 持是語者 卽持無量壽佛名. 佛說此語時 尊者目犍連 阿難及韋提希等 聞佛所說 皆大歡喜. 爾時世尊 足步虛空 還耆闍崛山. 爾時阿難 廣爲大衆 說如上事. 無量諸天 及龍夜叉 聞佛所說 皆大歡喜 禮佛而退.

이 경에서 말하는 삼매를 닦는 사람은 이 곳에서 지금 바로 이 몸으로 아미타 부처님과 관세음 보살, 대세지 보살을 볼 수 있다. 이 몸 이대로 부처님과 두 보살을 볼 수 있다는 말은, 이 몸 그대로 부처가 된다는 말이다.

참혹한 고통을 당하는 과보를 받은 연약한 위제희 부인이 그 괴로움 속에서 부처님께 하소연하는 것을 시작으로 하여 이러한 위대한 경전이 설해지게 되었다.

<정토삼부경> 중에서도 특히 <관무량수경>이 우리들에게 뜻 깊은 것은 이것이 우리들의 고통스러운 현실을 출발점으로 해서 설해진 경전이기 때문일 것이다. 또 누구나 이 경의 내용대로 실

천할 수 있는 말씀이며, 이해할 수 있는 말씀이기 때문에 오래도록 우리 불자들에게 읽혀 왔을 것이다.

그런데도 불구하고 우리 나라에서는 <아미타경>이나 <무량수경>은 잘 알려져 있는데도 <관무량수경>은 잘 알려져 있지 않다. <정토삼부경> 중에서도 주로 정진을 중심으로 하는 것이 <관무량수경>인데, 죽을 때 염불해 주는 것만이 중요하다고 생각했기 때문에 짧은 아미타경을 주로 독송해 왔던 것이다. 일반 불자들은 이 <관무량수경>은 있는지 없는지도 모르고 지낸 경우가 많았다. 이번 기회를 통해서 <정토삼부경>을 다시 한 번 독송하고 <관무량수경>도 몇 번 더 읽어 보기를 바란다. 몇 번 더 읽어서 내용을 제대로 이해하고 그대로 수행해 보면 커다란 기쁨을 느낄 수 있을 것이다.